ANYWAY.
ANNIEWAY.

살아야 한다.
무슨 일이 있어도.

ANYWAY.
ANNIEWAY.

버텨야 한다.
영원 같은 시간 속을.

ANYWAY.
ANNIEWAY.

사랑해야 한다.
내 옆의 소중한 그들을.

ANYWAY.
ANNIEWAY.

날아올라야 한다.
살기 위해 몽상구름 위로.

몽실몽실 몽상구름
백 번 자살 시도 끝에 살아난 여자의 찬란한 생의 기록

몽실몽실 몽상구름

백 번 자살 시도 끝에 살아난 여자의
찬란한 생의 기록

최애니 에세이

일러두기
책에 수록된 외국 문학의 한국어 번역문 부분은 저자가 직접 번역하였습니다.

| 프롤로그 |

✦

실제로 수많은 자살 시도 속에서 기적적으로 살아난 몽상가

내가 발을 딛고 있는 지구상에 의지할 대상이 없었다. 가깝게 지내던 이마저 멀어질까 봐 두려워서 슬픈 마음을 속으로 억눌렀다. 조금이라도 슬픔이 새어 나오지 않도록 하기 위해서 나는 최선을 다해 심장을 조였다. 나는 내 육신의 껍데기로부터 벗어나 여기가 아닌 다른 어딘가로 힘껏 달아나고 싶었다. 죽고 싶다는 생각이 간절하게 들었을 때 힘없이 걷다가 하늘을 바라보았는데 하얀 구름이 몽실몽실 떠 있었다. 그곳으로 도망치고 싶었다. 이 지구상 어느 곳도 위로받을 곳이 없다면 그곳을 향해서 힘차게 날아오르고 싶었다. 사실상 자살과 다름없었다.

몽실몽실 몽상구름
백 번 자살 시도 끝에 살아난 여자의 찬란한 생의 기록

하지만 나는 죽는 것 대신 나만의 몽상 구름을 만들어 냈다. 이 지구상의 논리와는 별개로 돌아가면서 나를 최대한 지킬 수 있는 나만의 상상 재료가 가득 채워진 몽상 구름. 그 구름 안에는 지난 시간 나를 살도록 지켜 준 최소한의 삶에 대한 믿음과 사랑이 담겨 있다. 내가 만들어 낸 몽상 구름은 무너져 내릴 것 같을 때 나를 지켜 줄 수 있는 마지막 보루와 같다. 명확히는 나를 지켜 줄 수 있는 나의 사유의 보충재. 그렇게 나의 몽상 구름은 탄생했다.

하늘에 붕 떠 있는 것 같았다. 어쩌면 그렇게 생각하지 않으면 현실에 발을 디디고 있다는 사실이 끔찍하게 두렵기 때문일지도 모르겠다. 필사적으로 상상의 구름 위에 떠 있다고 생각해야 했다. 현실과는 좀 동떨어진 어딘가, 마치 이상한 나라의 앨리스처럼 혼자만의 세계에서 속해 있다 여겨야 마음이 편해졌다. 유일하게 생각과 말이 통하는 몽상의 지대 속에서 나는 신비의 약물을 마시고 한없이 커지거나 마법의 쿠키를 한 조각 씹어 물고 한없이 작아지기도 했다. 죽고 싶을 만큼 고통스러운 상황

프롤로그
실제로 수많은 자살 시도 속에서 기적적으로 살아난 몽상가

이었을 때 충격을 줄이기 위해서 구름 같은 쿠션이 필요하다. 부딪치고 충돌하고 깨지면서도 죽음으로 파멸하지 않을 수 있는 최후의 전선을 저마다 마련해야 한다.

고통을 피하기 위해 인간은 저마다의 변명이 필요하다. 좀 더 동화적인 표현을 빌려 말하자면 상상의 재료가 필요하다. 발버둥 치며 애쓴 노력에 대해 명징한 결과를 고정된 언어로 내놓았을 때, 그것은 현실의 내가 온전히 소화하기에 거북하고 아프다. 진실을 냉정한 성적표로 삼아 겸허히 받아들이고 운명에 나를 맡긴 채 하늘에 굽신거리고 절망의 늪에 스스로를 가둘 수도 있을 것이다. 그러나 그 절망 속에서 나는 더욱 상처를 깊게 후벼파면서 쓸데없는 자책과 생각을 더하게 된다. 추락의 늪을 계속해서 깊게 만들고 상상은 지옥에 다다른다. 평면의 땅 위에 현실이라는 이름으로 감각되는 현재성이란 매 순간, 매분 매초가 나라는 정체성을 끊임없이 정체된 무언가로 고정하는 느낌이었다.

몽실몽실 몽상구름
백 번 자살 시도 끝에 살아난 여자의 찬란한 생의 기록

　나는 그런 현실로부터 간절하게 도망치고 싶었다. 그렇기 때문에 도망칠 수 있는 구멍이나 마냥 깊게 잠들 수 있을 만한 아늑한 암흑이 필요했다. 현실 속 내 모습을 보기 싫어서 햇빛이 들어오지 않도록 원룸 창문에 검은 암막 스티커를 붙여 놓았고 거울을 마주하기 싫어 화장실에서 불을 켜지 않는 습관마저 생겼다. 그런 생활이 계속 반복되었다. 이내 나는 지나친 신경 쇠약에 시달리다 못해 자신을 죽이고 싶다는 생각이 들어 정신과에 찾아 가기에 이르렀다. 친절한 상담보단 형식적으로 과호흡과 자살 충동에 시달린다는 이야기를 듣는 의사 앞에서 태어나 처음으로 내 삶을 고백했다. 정신과 선생님이 건네는 티슈로 눈물을 닦아 내며 끅끅 울었다. 그러나 돌아온 답변은 상태가 심각한 것 같으니 강도 높은 약을 써 보는 게 좋겠다는 차가운 말뿐이었다.

　나는 처방전을 들고나와 눈물범벅으로 마주한 세상 앞에서 한없이 부끄러워졌다. 수차례 약을 먹어도 지독한 우울은 나를 놓아주지 않았다. 나는 세상에게 배신감이

프롤로그
실제로 수많은 자살 시도 속에서 기적적으로 살아난 몽상가

들기 시작했고 운명을 향해 칼을 겨누었다. 이런 식으로 나온다면 네가 나를 더 해치기 전에 내가 먼저 달아나 버리겠다는 못난 심보로 자살을 결심했다. 운명이 나를 괴롭히고 싶어 한다면, 그 운명 앞에서 깨끗이 사라지는 게 복수라고 생각했다. 나는 약사 선생님들이 눈치챌까 약국 여러 곳을 들러 각종 수면제를 구입했다. 침대에 앉아 친언니에게 미안하다는 메시지를 남기고 찬물과 함께 한 움큼 집어삼켰다. 운명이라는 녀석은 참 고약하게도 내 뒤통수를 후려 갈겼다. 나는 구역질을 참지 못하고 화장실로 기어가서 삼켰던 것을 결국 다 토했다. 죽는 것조차 쉽지 않았다.

죽을 힘이 있으면 그 힘으로 살라고 말하는 이들을 향해 한 소리 하자면, 삶엔 정신적인 문제만이 있는 게 아니다. 어떤 이는 거기에 육체적인 충격도 더해져 압박감에 삶 자체를 영위하기 어려울 수도 있다. 차라리 이기적이었다면 타인을 해칠 수도 있었겠지만, 나는 그럴 마음이라곤 티끌만큼도 품지 못하는 개미 가슴이었다. 나를 이

몽실몽실 몽상구름
백 번 자살 시도 끝에 살아난 여자의 찬란한 생의 기록

용해 먹을 만큼 다 이용해 먹고 버리고 달아난 개 같은 애인의 일방적인 이별 통보를 듣고 울면서 외쳤다. 너한테 나는 그냥 같이 자 주는 여자였냐 이 나쁜 개새끼야? 몸 주고 마음 주고 간, 쓸개 다 빼서 주었는데 들은 말이라곤 고작 '네가 매사에 너무 심각하니 만나기 싫다'는 것이었다.

    세상 어느 곳에도 기댈 곳 없어 남자에게 모든 것을 빼 주며 그의 '착한 년'으로 살려던 나는 그에게 있어 신데렐라도 백설공주도 뭣도 아닌, 그저 쓰다 버리는 걸레짝이었다. 나는 그날 새벽 술을 진탕 마시고 수건을 목에 둘렀다. 수건이 다 젖도록 울면서 헐떡거리며 괴로워했다. 의지할 가족도 없었고 친구도 없었던 나는 그렇게 진짜 사랑이라고 생각했던 그를 정리했다. 삶에 비빌 만한 구석이라곤 보지 못한 채 다시 절망이란 단어를 정면으로 마주했다. 이게 죽음이 아니면 뭐가 죽음이란 말인가. 나는 삶과 죽음의 근소한 차이를 실감했다. 이후로도 수없이 많은 죽음과 마주하고 극적으로 살아남고 넘어지고 구

프롤로그
실제로 수많은 자살 시도 속에서 기적적으로 살아난 몽상가

르면서 겨우 일어났다. 조금씩 약아빠지기 시작했다. 어떻게 죽음을 이겨 낼 수 있는지 몸으로 점차 깨달았던 것이다.

사람은 관념보다 현실을 감각하며 실제 공기를 들이마시고 내쉬면서 살아야 하는 존재다. 사람을 살도록 하는 건 결국 온몸으로 견딘 세상의 무게이다. 이 책은 내가 세상과 상호 작용하며 균형 감각을 맞춰 나가던 그 일련의 과정이다. 나는 나의 감각을 세상과 삐걱삐걱 맞추어 가면서 나에게 친절하지 않은 세상을 향해 다정하게 웃으며 어느 정도 거리를 두고 나만의 방식으로 두둥실 구름처럼 살아가는 법을 배웠다. 그렇게 몽실몽실 구름처럼 두둥실 몽상의 지대 위를 걷던 나는 이제 나만의 이상한 세계 속에서 슬픔을 따뜻하게 껴안을 수 있는 용기를 가질 수 있게 되었다.

책 안에서 몽상구름은 치유책이 아니다. 지금 갇힌 삶으로부터 간절하게 달아나고 싶을 때, 바라볼 곳이 하늘

몽실몽실 몽상구름
백 번 자살 시도 끝에 살아난 여자의 찬란한 생의 기록

의 구름밖에 없을 때. 그 구름이 나에게 가져다준 특별한 의미이다. 어쩌면 현실에서 일어난 가슴 아픈 일들을 거리 두고 바라보되 좀 더 넓은 의미로 이해하려는 자기합리화적 기제일 수도 있다. 확실한 건 결국 몽상구름이란 기제를 통해 구원받을 수 있는 범위는 지극히 개인의 삶 안으로만 제한된다는 것이다. 현실의 어느 곳에서도 위로받을 수 없었을 때, 내가 마주친 하늘의 구름은 그대로 떠나고 싶은 제삼의 공간이었다. 그러나 죽고 싶은 순간, 구름을 보며 도망가고 싶은 마음만큼 새로운 삶의 정의를 강하게 갈구했다. 이제 몽상구름은 단순한 치유책이 아닌 나를 살게 하는, 나만의 철학으로 무장된 단단한 방공호 그 이상의 존재다.

앞으로 당신에게 건넬 이야기는 자살 기도 후에 살아남은 내가 어떤 과정을 거쳐 살기로 결심했는지, 그리고 삶과 결코 척지지 않으면서 삶을 유연하게 받아들일 용기를 갖게 되었는지에 대한 이야기이다.

프롤로그
실제로 수많은 자살 시도 속에서 기적적으로 살아난 몽상가

당신과 같은, 아니 어쩌면 당신보다 나약한 한 인간이 어떻게 삶을 붙잡고 삶을 두둥실 구름처럼 살아가는 경지에 이르게 되었는지. 그 슬프면서도 웃기고 요란한 이야기를 소상하게 들려주겠다. 당신도 당신만의 상상을 넓혀 삶을 편안히 할 수 있는 저마다의 구름을 찾기를. 그래서 삶의 주도권을 당신이란 이름의 세계로 찾아오기를. 그렇게 간절히 바라고 바라는 마음, 그것 하나만으로 절실한 생존의 보고와도 같은 이 글을 당신에게 뜨거운 편지로 부치고 싶다. 당신의 삶이 부디 무겁지도 가볍지도 않게, 저마다의 무게와 적당한 균형 감각을 찾아갈 수 있기를.

목차

프롤로그 실제로 수많은 자살 시도 속에서
기적적으로 살아난 몽상가 + 013

PART 01

매 순간이 우울한 지옥의 연속이었다

'착한 호구'의 끔찍한 비애 + 025
너의 호구가 기꺼이 되어 줄게 + 030
우울, 그 낭만적인 도피의 늪 + 039
그 남자가 남긴 상처 + 046
나쁜 기억에 이름 붙이기 + 053

PART 02

콤플렉스라는 목줄을 매고 번지점프하다

거울 속에 비친 끔찍한 괴물 + 059
끔찍한 괴물 토막 살해 사건 + 066
몽실몽실 하얀 구름 위로 점프! + 077
안개 속 그 남자를 기다리며 + 084

PART 03

헤픈 여자로 가면을 쓰며 산다는 것은

해맑은 가면 뒤에서 비참해지는 나 + 091
이리 와서 나를 뜯어 먹으세요 + 101
가면이 나인지 내가 가면인지 모르겠어 + 112
가면을 쓰고 입을 맞추다 + 122

PART 04

**사랑, 결핍과
욕망 사이의
애매한 정의**

너의 피와 살을 쪽쪽 빨아 먹고 싶어	+ 131
슬픈 그대의 눈동자가 아른거려서	+ 139
다신 내 삶을 사랑이란 말로 가둬두진 마	+ 148
사랑 이상의 사랑을 하였지	+ 158

PART 05

**고독이라는
근사한 변명의
사치 속에서**

고독이란 뼈를 오독오독 씹어 먹으면서	+ 169
고독은 정당한 자기 변명이라고 믿는다	+ 178
존재하지 않는 고도를 영원히 기다리며	+ 185
한 줄기 어스름한 빛이 비추네	+ 192

PART 06

**죽음, 삶과
단 한 장의
종이 차이일 뿐**

외할머니 서목임 씨의 웃음	+ 201
그대가 나이 들게 되면	+ 208
헛된 몸부림 끝에 다다른 천국	+ 217

에필로그   당신도 살 수 있다.
제발 살았으면 좋겠다   + 227

PART 01

매 순간이 **우울한 지옥의**
연속이었다

PART 01
매 순간이 우울한 지옥의 연속이었다

'착한 호구'의 끔찍한 비애

　가만히 있음에도 매분 매초가 두렵고, 온 세상이 평온한데 나만 영원히 도태되는 듯한 기분에 사로잡혔다. 이를 정신의학적으로는 불안장애라고 일컫는다. 분명 남들과 똑같은 평범한 시간의 궤적을 걷는데, 나만이 슬픈 예감을 멈출 수 없다. 모든 것을 서열화하여 속도 경쟁을 하는 세상 속에서 홀로 뒤처질까 두려움에 잠식됐다. 우울이란 기억과 맞닿아 있다. 그리고 그 기억이란 내가 여태껏 살아온 삶의 지표이다. 인간의 기억은 자의식의 검열 속에서 선택과 집중을 통해 특정한 형상과 색깔로 잔상처럼 남는다. 인간은 그런 기억의 인화 과정에서 어느 정도

몽실몽실 몽상구름
백 번 자살 시도 끝에 살아난 여자의 찬란한 생의 기록

자신을 일관된 정체성으로 정립해 나간다. 그리고 검열을 반복하며 자신의 삶이 어떤 형상으로 남을지 선택한다. 그런데 우울증과 불안장애를 앓는 환자 같은 경우 경험해 본 결과 주체적으로 그 모습을 결정할 수 없다.

꼼짝없이 세상의 시선에 구속되어 자신의 잠재력을 그 안에서만 한정하여 상상하고, 그 이상은 감히 상상할 수도 없는 세상의 포로인 것이다. 엄밀하게 말하자면 불안장애가 우울증보다 앞선다. 불안장애는 말 그대로 '지금 이 상태를 유지하면 내가 자멸하고 말 것'이라는 생각에 구속되는 것이다. 그리고 불안은 자신을 끝없이 좀먹으며 스스로를 부정의 늪 한가운데에 던지게 된다. 심한 불안장애는 존재를 유지하기 어려울 만큼 수렁에 빠지고 만다는 상상의 감옥에 수감된다. 그런 부정적인 상태가 반복될 때 상상에서조차 절망 이외에 자신의 가능성을 확인할 여지가 그 속에 없다면 그는 자멸을 꿈꾸게 된다.

이것 하나는 확실히 밝혀 두고 싶다. 실제로 내가 만

PART 01
매 순간이 우울한 지옥의 연속이었다

나 본 불안·우울 장애의 수많은 환자들이 평균보다 착한 심성을 지닌 이들이었다. 각자의 삶에서 정한 바름의 척도는 제각각이다. 그 인생 안에서 자신에 대한 검열 기준이 엄격하다는 것은 그만큼 그 사람이 바르고 착하다 뜻이기도 하다. 이기적인 인간이라면 제멋대로 정한 기준 속에서 자신의 언행 하나하나가 남과 세상에 어떤 영향을 끼치는지 신경 쓰지 않는 법이다. 자신에게 가하는 잣대가 엄격하다는 사실에서 그 사람이 얼마만큼 세상에 끼치는 영향력을 신경 많이 쓰는가를 반추할 수 있다. 자신의 행동을 모두 최악의 경우로 규정짓고 자신을 깎아내리며 주저앉게 되는 것이 불안장애가 반복된 인간이 우울로 빠져들게 되는 지점이다.

나 역시 그랬다. 그놈의 '착한 년 콤플렉스'는 나를 미치도록 불안하게 하고 결국 우울의 수렁으로 빠지게 했다. 어떤 조직이나 무리 속에서 이 한 몸과 마음을 희생해서라도 착한 년으로 인정받아 상대에게 마치 성모마리아와 같은, 모두의 사랑과 인정을 받으려는 처절한 발악이

몽실몽실 몽상구름
백 번 자살 시도 끝에 살아난 여자의 찬란한 생의 기록

었다. 나를 싫어하는 사람을 단 한 명도 용납할 수 없다는 것은 그만큼 내 안에 이미 결핍이 많다는 뜻이고, 남이 바라보는 내가 아닌 온전한 나를 스스로 허락하지 못한다는 것이다. 소위 말하는 '호구'가 되어 잘하지도 못하는 술을, 단지 남들에게 잘 보이고 싶다는 이유만으로 끝까지 비위를 맞추며 다 받아먹고 몰래 화장실에 가서 숙취제를 입안에 털어 넣은 뒤 속을 게워 내고 나와 쓰린 배를 움켜쥐며 다시 웃는 광대. 남이 나에게 함부로 대하는 것 따위에는 아무렇지 않아 하며 그게 오히려 자연스럽다는 듯이 대하는, 일방적이고도 무모한 친절함. 결국 이 일은 내가 인정받는 것이 아닌 스스로 얼마만큼 가치가 떨어지는 인간인지 증명해 주는 일이었다. 그렇게 행동할수록 그들은 나를 '착해 빠진 호구'로 낙인찍었다.

자존심이 있었다면 그들에게 비굴하게 구는 행위까지는 자제했을 텐데 그들에게 기꺼이 내 바닥을 보여 주며 나는 나의 모든 것을 털어 주었다. 하지만 나에게 돌아오는 것은 안 좋은 뒷담화와 우스운 소문뿐. 그것은 또다시

PART 01
매 순간이 우울한 지옥의 연속이었다

나를 우울한 자성으로 몰아넣는 악순환으로 이어졌고 나는 또 잘하지도 못하는 술을 혼자 들이켜고 속을 비워 냈다. 사람 관계 자체가 무서워지고, 이내 다자이 오사무의 표현대로 '나란 존재는 말 그대로 인간으로서 실격된 존재가 아닌가' 하는 생각으로 이어졌다.

나는 세상, 그리고 사람이란 존재와 조화를 이루는 일이 끔찍할 정도로 두려워지는 수준에 이르고야 말았다. 세상 모두에게 착하고 싶은 내 마음은 사실 자세히 들여다보면 '버림받음'에 대한 끔찍한 트라우마에서 기인했다. 인간은 결국 사회 속에서 나란 존재를 인정받고 나의 위상을 확인해야 한다. 그러나 그런 가운데 나의 존재가 퇴색되어 간다고 느끼고 자기 존재를 끝내 부정하기에 이른다면. 인간은 슬픈 자책과 우울을 반복하며 점차 자신을 상실하는 경험을 한다.

몽실몽실 몽상구름
백 번 자살 시도 끝에 살아난 여자의 찬란한 생의 기록

너의 호구가 기꺼이 되어 줄게

 실제로 나는 내가 속해 있던 무리 속에서 퀸카라고 불리는 여자에게 굽신거리며 잘 보이려고 애썼다. 지금 생각해 보면 웃기기 짝이 없지만 그 여자에게 잘 보이려고 하면 할수록 나는 그 무리 속 서열에서 끝없이 밀려났다. 종국에는 '언제든 만만하게 봐도 되는 착한 호구 년'으로 낙인찍혀 있었다. 그런 대우를 받기 시작하자 진저리 칠 정도로 낮은 자존감이 더욱 바닥으로 무너지는 것을 느꼈다. 그때부터 사람 관계에서의 선택과 집중에 대해서 깊게 생각했다. 그 무리 속에서 나는 억지로 웃으면서 착한 년이기를 자처했다. 하지만 그들의 수발을 들어야 하는

PART 01
매 순간이 우울한 지옥의 연속이었다

호구로 전락하고 말았다는 사실을 깨닫고 나서는 욕을 바가지로 먹으면서도 그 무리를 박차고 나왔다.

미국 드라마 『가십 걸(Gossip Girl)』 속 잘나가는 뉴욕 맨해튼 중심가 명문 고등학교 속 잘난 여자애들 사이에서는 저들끼리 은근한 서열 경쟁이 있다. 그 계급과 위상에 따라서 앉을 수 있는 계단 자리가 정해져 있다. 블레어같이 모자랄 것 없이 잘나고 못된 년은 항상 높은 계단 자리를 독점한다. 여왕벌(Queen B) 블레어는 자기보다 하등하다고 생각되는 이들의 아부를 시답잖게 재고 따진다. 그 속에서 억지로 인정받기 위해 고군분투하는 중산층의 제니는 온갖 굴욕을 참아 가며 그 서열 속에서 올라가 보려고 하지만 결국 조롱거리로 계속 조리돌림당하기 일쑤다. 온갖 허영과 명품으로 치장한, 소위 '잇걸'이라고 불리는 여자애들 사이에서 제니는 짝퉁 드레스를 힘들게 구해 억지로 그녀들의 화려한 문화 속에 섞여, 있어 보이고 싶어 하는 여자애다. 그렇지만 잘나가는 여자애들 사이에서 인정받으면서 좀 멋진 티를 내고 싶어 할수록 처

몽실몽실 몽상구름
백 번 자살 시도 끝에 살아난 여자의 찬란한 생의 기록

참해질 뿐이다. 온갖 수모와 상처를 겪은 제니가 처참한 심정으로 혼자가 되었을 때 그 기분이 너무 이해되었다.

실제로 강남의 명문이라고 하는 여자 고등학교를 다녔던 나는 수많은 이기심과 질투심에 눈이 멀어 서로 이간질하고 따돌리는 무리를 많이 보았다. 그 속에서는 항상 난 년이라고 부를 만한 여자애가 존재했다. 그리고 그 아이를 떠받들며 간신히 그 무리 속에 속해서 안정감을 얻는 들러리 아이들이 존재했다. 그 숨 막히는 여고 생활의 신경전을 견뎌 내려면 무리에서 완전히 인정받기 위해 그들에게 기면서 착하고 웃긴 광대 노릇을 해야만 했다. 그런 아이들은 자신의 자존감을 높이기 위해서 보이지 않는 선을 확실히 그으며 반에서 존재감 없는 아이들을 한없이 깎아내렸다. 그 무리에 끼고 싶지만 완벽히 섞이지 못한 채 맴도는 찐따 같은 아이들은 자기중심 없이 흔들리며 여기 붙었다, 저기 붙었다 하며 기어야 했다.

그런 보이지 않는 서열 속에서 완전히 배제된 나는 그

PART 01
매 순간이 우울한 지옥의 연속이었다

저 나와 긴밀한 이야기를 나눌 수 있는 비슷한 왕따 처지의 아이들과 친하게 지내는 것으로 만족했다. 저 난 년의 무리가 반의 분위기를 좌지우지하고 아이들의 질서를 교란하더라도 신경 쓰지 않았다. 어쩌다 그년들에게 슬그머니 웃기라도 하면 그들은 싸늘한 표정으로 받아쳤다. 난 너랑 어울릴 급이 아니거든. 차가운 눈빛으로 쏘아 대는 무언의 협박. 나는 깨끗이 무시했다. 몇몇 아이들하고만 깊은 우정을 나누며 끔찍했던 여고 시절과 작별했다.

사회생활에서 이상한 꼰대 상사는 어김없이 마주치기 마련이다. 권력 휘두르는 걸 당연시하는 그들은 집단 속에서 횡포를 자행하며 우월감을 확인하기 위해 사는 것 같았다. 특히나 사회초년생, 20대, 어린 여자 사원으로 일했던 나는 그 집단 속에서 그들이 필요 이상으로 요구하는 정신적·육체적 노동을 다 받는 것이 당연하다고 생각했다. 지금 돌이켜 보면 전부 부당하고 불합리한, 강압적인 요구였을 뿐이다. 힘들게 입사하고 처음 발을 디딘 조직 안에서 나는 어떻게 해서든 인정받고 싶었기 때문에

몽실몽실 몽상구름
백 번 자살 시도 끝에 살아난 여자의 찬란한 생의 기록

그 속에서 그 꼰대 상사들의 수발을 다 들었다. 그러자 당시 나보다 연차가 15년은 높았던 여자 상사는 나를 조용히 불러 한 마디 단단히 일러주고, 사직서를 던진 후 쿨하게 퇴사했다. "이 회사에 오래 있을 생각하지 말고 다른 것을 찾아봐. 그리고 최 사원 그러다가 자칫 잘못하면 저 꼰대 상사 노리갯감으로 전락하는 수가 있어, 조심해. 나 이 바닥에 너보다 10년은 더 있었어."

그 여자 상사는 실제로 철벽의 대가였다. 남자 상사가 뭘 시키더라도 조금도 물러서지 않았고 논리적으로 따박따박 따지며 지금 요구하는 게 어떤 의미인지 물었다. 어설프게 얼굴에 비비크림을 바르고 코랄빛 립스틱을 칠하며 늘 긴장하던 나. 짧은 치마를 입고 굽 있는 구두를 신으며 휘청거리는 사회생활을 하던 나와는 달랐다. 저 꼰대들이 뒤에서 자신을 씹든 말든 자신만의 스타일을 밀고 나가던 언니였다. 착한 호구 년 짓을 계속하다 보니 꼰대들은 끝없이 선을 넘기 시작했고 나는 속으로 괴로움을 쌓아 가며 아득바득 이겨 내려고 했다. 그러다가 나보다

PART 01
매 순간이 우울한 지옥의 연속이었다

30살 위의 돌싱남 꼰대 하나에게 사귀자는 제안을 받았다. 순간 굽 높은 구두에서 삐끗해서 쓰러질 뻔했다. '무슨 소리를 하시는 거예요?'라고 말하며 찬물이라도 시원하게 끼얹어 주고 싶었으나 나는 말을 더듬거리면서 끝까지 착한 호구 년 짓을 했다.

 구구절절. 죄송하지만 나는 남자 친구가 있고(사실 없었다) 이사님을 좋은 상사로 생각한다고 말하자 그 꼰대 상사의 눈빛이 차갑게 식어 갔다. 마치 '여태껏 살살거리길래 기껏 예쁘게 봐줬더니 이게 나를 거절해?' 그런 눈빛. 그렇게 나는 회사에서 은근한 따돌림을 당하는 처지가 되었고, 회사의 중요한 모임이나 회의에서 일방적으로 제외당하는 지경까지 이르렀다. 회사를 다니는 게 지옥 같고 저 꼰대들을 향해 폭탄을 던지고 싶은 마음을 계속 갖고 벼르다가 폭탄 대신 사직서를 던지고 나왔다. 우울증 약을 몰래 삼켜 가면서 과호흡에 시달렸던 첫 직장을 그렇게 때려치웠다. 나는 나에게 직설적인 조언을 해준 그 언니가 고마웠다. 그리고 난 결심했다. 어디를 가든

몽실몽실 몽상구름
백 번 자살 시도 끝에 살아난 여자의 찬란한 생의 기록

저 멋진 언니처럼 내 중심을 지키고 내 몫의 일을 뚜렷하게 하면서 쓸데없는 착한 호구 짓은 하지 않기로.

『가십 걸』 속에서 중산층 출신 제니가 잘난 년들 사이에서 좀 난 년이 되어 보고자 아부를 떨며 치밀하게 세웠던 계획은 결국 무너지고 만다. 그리고 어떤 사람으로 살아가는 게 가장 자신다운 것인지 처참하게 깨닫는다. 결국 사람은 불안해하지 않으면서 혼자 우뚝 설 수 있어야 나 자신으로 완성된다. 나는 다른 사람의 시선으로 나를 규정하고 싶지 않았다. 오히려 내가 특별한 존재이기 때문에 남들의 보편적인 시선 안에서 인정받지 못하는 것이라 생각했다. 나는 유일하고 독보적인 존재이기 때문에 도리어 남과 명확히 구별되는 존재라고 스스로 인식하기 시작했다.

나를 타자화해서 먼저 인식한 후, 내가 편안하게 존재할 수 있는 가능성에 자리 잡아야 한다. 그렇지 않고서는 나를 고유한 존재로 굳건히 지켜 줄 중심이 약해진다. 그

PART 01
매 순간이 우울한 지옥의 연속이었다

렇게 되면 흔들리는 중심 가운데 나는 끊임없이 밀려나고 도태된다. 무엇보다 나를 명확하게 해 주는 세상 속 고유한 언어를 빛나는 별처럼 찾아 나서야만 한다. 그 위치를 내비게이션 삼아 나는 다시 태어나야 한다. 그것이 나를 새롭게 태어나게 만드는 3차 사회화 과정이다.

사람마다 손 크기가 다르듯 한 사람이 손에 쥘 수 있는 자원도 제각각이다. 세상 밖으로 나오면, 그때부터 수많은 화려한 것들이 눈에 보이기 시작한다. 저마다의 골든 드림이 가슴속에 자리 잡고 크기를 부푼다. 때문에 어떤 이들은 인간관계 속에서 화려하게 빛나는 그들을 동경하며 그처럼 되거나 그 옆에 비벼서 무리 속 자신의 위상을 조금이라도 높여 보려고 애쓴다. 그런 점이 나쁘다는 것은 아니다. 하지만 나에 대한 뼈저린 탐구가 선행되지 않은 채 그 무리 속에 무작정 달려들다가는 영혼과 육신이 분리되어 극한의 괴리감에 치닫게 될 것이다. 강한 자에게 약하고 약한 자에게 강한 식으로 자신의 모습을 가린다면 정작 자신의 삶 안에서 작아지는 자신을 느낄 것

몽실몽실 몽상구름
백 번 자살 시도 끝에 살아난 여자의 찬란한 생의 기록

이다. 그렇게 된다면 삶의 우선순위 속에 자신을 위한 것은 어느 것도 없게 된다.

만인에게 착하고 예뻐 보이고 싶어 하는 착한 호구들의 마음이란, 온몸과 마음을 내어주고 얼마든지 내 살을 뜯어먹으라고 오픈하는 것이나 다름없다. 사람들에게 당신은 착한 인간이 아니고 그저 착한 호구일 뿐이다. 그들은 호시탐탐 당신에게 끝없이 열정페이를 요구할 것이다. 내가 가져가야 할 몫은 무엇인지, 나에 대한 똑똑한 탐구를 통해 명확히 해 두는 것이 좋다. 착한 호구로 산다는 건 자신을 잃는 듯한 끝없는 두려움에 빠지는 지름길이며, 자신을 좀먹는 우울을 더욱 키워 가는 최악의 짓이다. 도도하고 당당하되, 내게 소중한 사람에게는 친절하게. 여러 매력을 보여 가며 살랑거리는 공작새의 모습이 가장 매력적이다. Catch me if you can. 나를 쉽게 다룰 수 있을 것 같아요? 노노. 난 결코 쉬운 사람이 아닌걸요.

PART 01
매 순간이 우울한 지옥의 연속이었다

우울, 그 낭만적인 도피의 늪

끊임없이 악몽을 꾸었다. 반드시 내가 사건의 주인공이 됐다. 나는 항상 쫓기고 살해 위협을 느꼈다. 그런 악몽의 연속에 제대로 잠들기 힘들었다. 차라리 기절하듯 잠이 들면 낫지 않을까 싶어 술을 마시고 잠들기도 했다. 정신과 선생님에게 수면제의 강도를 높여 달라고 요구해서 그 약을 먹고 잠을 자기도 했다. 꿈을 잘 꾼다는 것은 그만큼 내가 평소 품은 복잡한 생각이 많고 무의식 속에 그 생각을 억누르고 있었다는 것을 의미한다. 내가 꾸는 꿈들은 실제 삶에서 겪은 일들이 조금씩 틀어져서, 최악의 시나리오로 변해 내 눈앞에 스크린처럼 전달되었다.

몽실몽실 몽상구름
백 번 자살 시도 끝에 살아난 여자의 찬란한 생의 기록

    그런 꿈들은 내가 억울한 상황임에도 불구하고 나를 극단의 공포로 밀어 넣어 그런 생각을 하는 나 자신에게 죄책감을 느끼게 만드는 이상한 위력을 갖고 있다. 마치 일본 영화 「혐오스런 마츠코의 일생」 속에서 마츠코가 벽에 끊임없이 '태어나서 죄송합니다'라는 글자를 갈겨서 쓰는 것과 같은 기분이랄까. '착한 년 콤플렉스'는 꿈속에서도 이어졌고 결국 이 모든 죄를 예수처럼 혼자 짊어져야 내가 편할 것 같은 마음이 들기 이르렀다. 나는 자책과 원망의 늪으로 스스로 끊임없이 밀어 넣었다.

    우울장애에 깊게 빠지게 되면 실제 나를 덮친 모든 불가피한 사건의 원인이 나의 못난 점 탓이라고 인식하게 된다. 흔하디흔하게 쓰이는 우울증이라는 단어는, 사람을 걷잡을 수 없는 고통으로 밀어 넣는다. 그런 커다란 괴로움 앞에서 나는 모든 아픔이 내가 저지른 죄로 인해 받게 된 대가라고 착각을 하게 된다. 그리고 그 부담에 짓눌려 오히려 고통에 중독되고 만다. 괴로움을 짊어지고, 그 괴로움의 무게에 짓눌리다 보면 그 무게가 주는 압박감

PART 01
매 순간이 우울한 지옥의 연속이었다

을 당연하게 느끼도록 자기 세뇌를 하게 되는 것이다. 고통이란 결국 착각의 늪라고 할 수 있다. 그러다 보면 결국 나는 따뜻한 슬픔이라는 안전지대로 도피하게 된다.

그렇게 영원히 풀 수 없는 수갑을 찬 것같이 내가 만든 비극 속에 나를 몰아넣는다. 기어코 스스로 비극의 주인공으로 추락한다. 그 지옥의 바닥은 어쩐지, 나의 고통을 편안히 받아들일 수 있는 도피처럼 느껴진다. 최악의 선택지 중 적어도 죽음보다는 조금 더 나은 지옥을 택하게 된다. 지옥 속에서 반복적으로 위로를 하다 보면 나는 내가 최소한의 존재감은 유지하며 버티고 있다고 착각한다. 그 비극의 시나리오 속에서 나는 주인공이니까.

고통과 불행은 야속하게도 중독의 속성을 가지고 있다. 더 정확하게 말하자면 인간은 어떻게든 살기 위해 방어를 하기 마련이라, 최악의 상황에서 아득바득 살아 보기 위해 변명을 창조해 낸다. 비겁한 변명이더라도 내 시나리오 안에서 난 이 세상의 영원한 피해자로 남아 자책

몽실몽실 몽상구름
백 번 자살 시도 끝에 살아난 여자의 찬란한 생의 기록

속에서 최소한 죽음이 아닌 비련의 주인공으로 승격시키려고 한다. 그런 거듭되는 도피의 굴레 속에서 인간이 다다르는 곳은 만성적 우울증이라는 편안한 망상의 늪이다.

망상 가운데 인간은 죽지 않을 이유를 절실하게 찾고, 살아야 할 최소한의 변명거리를 모색해 나서게 된다. 그 모색의 끝에 안착하게 된 우울의 중독은 나르시시즘의 다른 표현일지도 모르겠다. 그 속에서 나는 자신이 창안해 낸 푹신푹신하고 나른한 우울의 늪에 안착해 비극적 시나리오의 주인공이 된다. 그 슬픔을 극화하여 더욱 깊이 우울로 나를 몰아세우게 되기 때문이다. 그런 우울에 함몰되면 결국 우울과 분리될 수 없는 존재가 되고 만다.

끔찍하게 두려운 악몽에 시달리는 것이 싫어 카페인을 네 잔 정도 들이켜고 뜬 눈으로 새벽을 보내던 음울한 시간. 그 새벽 찾아 들어간 자살 사이트는 그런 사람들이 모여 있는 곳이었다. 그들에게 우울은 숭배 대상이었다. 종교가 된 우울은 극한의 불행과 비관 가운데에서만 자신

PART 01
매 순간이 우울한 지옥의 연속이었다

의 존재감을 확인할 수 있었기에, 모두가 현실로부터 달아난 지 오래되어 보였다. 나는 죽고 싶어 하는 수많은 사람을 눈으로 똑똑히 확인했다. 그들은 모두 모여서 죽음을 이상처럼 여기고, 이 세상의 모든 존재를 부정하는 것으로 알량한 자존심을 세우고 있었다. 세속적인 것 전부 가소롭다는 듯이 비웃기 바빴다. 디스토피아적인 상상력을 펼치며 이 더러운 세상은 필시 멸망할 거라며 세상과 단단히 척지고 있었다.

나 또한 내 삶의 중심을 잃어버린 가운데 사이비 종교처럼 그 생각에 빠져들었다. 그들과 마찬가지로 자기 연민의 편리한 합리화를 시작했다. 자기 연민은 우울증 환자에게 아주 편리하고 매력적인 도피처가 아닐 수 없다. 그런 자기 연민 속에서 내가 죽어도 마땅한 이유 몇백 가지를 손꼽으며 상처를 마치 성서 기도문처럼 외우고 있었다. 당신은 세상으로부터 어떤 상처를 받았나요. 맞아요. 세상은 그토록 모질고 재수 없는 것이죠. 악담인지 위로인지 자칫하면 분간이 안 갈 말 속에서 나의 우울은 더욱

몽실몽실 몽상구름
백 번 자살 시도 끝에 살아난 여자의 찬란한 생의 기록

위대한 존재로 커지고 만다. 마치 물먹은 솜이 축축하게 무게를 더해 가듯이.

 우울은 틀림없이 굉장히 매력적이다. 우울이 주는 나른한 공포에 익숙해지다 보면 그 위엄은 한없이 커지게 되고 나를 특별한 존재로 빛나게 해 주는 특징이 된다. 우울을 반복하는 인간은 세상 어느 곳에서도 맛보지 못한 자기 우월감에 도취되고 만다. 그 속에서 나르시시즘을 느낀다. 그리고 평범하고 부지런하게 사는 일반인들을 하등한 존재로 깔보기까지 한다. 그런 순간, 우울은 몸집을 더욱 키우고 키워 기어이 삶과 죽음의 경계를 가볍게 여긴다. 그렇게 우울장애를 앓는 사람들은 죽음이라는 영원한 소멸의 세계로 뛰어들기를 희망하게 되는 것이다.

 명확히 말해 두지만 그건 위대한 영웅의 탄생을 의미하는 것이 아니다. 단순한 자기 파멸이자 비겁한 회피에 불과하다. 우울은 평면적이고 단순한 게 아니라 마음만 먹으면 얼마든지 단단한 착각의 세계 속으로 자신을 놓아

PART 01
매 순간이 우울한 지옥의 연속이었다

버리게 하는 것으로, 보이지 않는 이상의 끝을 향해 달리도록 만든다. 그리고 보이지 않는 끝이란 결국 자기 파멸이며 당신을 이도 저도 아닌 자살로 몰아넣는 한심한 착각의 수렁일 뿐이다.

몽실몽실 몽상구름
백 번 자살 시도 끝에 살아난 여자의 찬란한 생의 기록

그 남자가 남긴 상처

    나에게 모질게 대하는 12살 연상의 남자에게 나는 사랑이라는 억척 같은 믿음 하나만 갖고 붙어 있었다. 그 남자는 학교가 있던 청파동 근처로 수시로 찾아왔다. 내 얼굴이 보고 싶다고 집요하게 매달리며 뜨거운 사랑을 수시로 표현했다. 특별히 마음에 맞는 사람을 찾기 어려웠던 나는, 그의 숨 막히는 사랑이 괴로우면서 과분하게 느껴질 정도로 고마웠다. 그는 담배 냄새를 풍기는 몸으로 나를 숨 막히게 끌어안고 입을 맞추면서 말했다. 너마저 떠나면 나는 죽어 버릴 거라고. 잔인한 사랑 고백에도 나는 말도 안 되는 모성애를 느꼈고 눈물을 흘리며 그렇게 두

PART 01
매 순간이 우울한 지옥의 연속이었다

지 않겠노라고 그를 붙잡고 말했다. 나의 사랑은 늘 극단적이었다. 이 사람이라면 내일 당장 동반 자살해도 괜찮을 것 같다는 무모한 믿음 속에서 항상 모든 것을 포기할 준비가 되어 있었다.

　세상의 기준으로 본다면 뭐 하나 빠질 것 없이 완벽한 조건을 갖춘 그였다. 하지만 그는 그런 세상과 일부러 거리를 두고 삐뚤어지면서 한없이 철없는 소년 같은 면모를 보였다. 세상으로부터 버림받기를 자처함으로써 아른거리는 빛의 환영에 매료된 불나방처럼. 세상에서 튕겨져 나온 이단아라는 사실에 자부심을 갖던 그에게는 늘 죽음의 그림자가 뒤따랐다. 절벽에 서서 추락하고 싶어질 때 언제든 추락할 것이라고 말하는 그에게 나는 처절한 구원자가 된 것처럼 그를 와락 껴안아 붙잡는 수밖에 없었다. 나 자신이 세상 어느 위치에 서 있어야 맞는 것인지 알지도 못한 채 그가 유혹하는 강렬한 슬픔 속에 빨려 들어가 자존심은커녕 자존의 흔적 어떤 것도 찾기 힘들었다.

몽실몽실 몽상구름
백 번 자살 시도 끝에 살아난 여자의 찬란한 생의 기록

 로미오와 줄리엣의 사랑 이야기를 꿈꾸었던 것일까. 그와 함께 기꺼이 사랑의 깊은 상처 안으로 파고드는 것만이 나라는 존재를 확인할 수 있는 유일한 방법이라고 생각했다. 그럴수록 나를 향한 그의 독점욕은 더더욱 강해지기 시작했다. 그는 어느 순간부터 술을 마실 때마다, 내가 자신을 떠나면 나 역시 목숨을 부지하지 못할 것이라고 늘어놓았다. 그가 나의 목을 조르려고 한 순간, 그의 손을 강력하게 뿌리치고 경찰서에 신고하는 게 맞았을까.

 차마 그의 눈물 가득 고인 눈을 외면할 수 없었다. 슬픔이 주는 착각 속에 빠져 그에게 이 한 몸 전부 바쳐도 괜찮겠다고 생각했다. 그렇게 나라는 존재를 아프도록 지워가기 시작했다. 그렇게 한도 끝도 없이 그로 채우기 위해 나를 지우다 보니 나는 그 이외에는 살 이유가 없어졌다. 그런 그가 무너지는 모습을 보며 어느 순간부터 그를 사랑하면 할수록 끝없이 퇴색되어 가는 자신을 느꼈다.

 한없이 지워지고 닳아 없어지는 나는 그의 마지막 자

PART 01
매 순간이 우울한 지옥의 연속이었다

존심을 채워 주기 위한 최후의 보루였는지도 모른다. 그런 그에게 철저히 희생된 나는 죽어가고 죽어가던 끝에, 작은 빛줄기가 보이는 순간 온 힘을 다해 그로부터 도망쳤다. 그리고 그 이후 들은 그의 마지막 소식은 처참하기 그지없었다. 그 진실은 여기에 남기지 않겠다. 한없이 깊은 죄책감이 더해져서 그에게 베푼 사랑 이상의 상실감에 몸부림쳤다. 그 어떤 약, 종교로도 치유할 수 없는 상처를 칼로 헤집으며 희미한 숨으로 허덕이고 있었다. 상처 난 곳을 무엇 하나 건드리지 않으려고 몸부림쳐 봤자 아프고 아픈 것 이외에 표현할 도리가 없었다. 가장 크게 다가오는 무거운 죄책감과 끔찍한 두려움에 빨려 들어가 보니 말 그대로 심장이 뛸 때마다 온몸이 아프게 느껴졌다.

과격한 사랑의 흔적을 바보같이 더듬거리고 축축한 그의 빈 자리만을 쓸어 내고 닦으면서 고통에 몸부림치고 있었다. 내가 그에게 헛된 사랑을 주었다고 생각하고 싶지는 않았다. 나는 그에게 사랑을 주는 행위, 그 자체를 통해서 도리어 내가 살아 있음을 느끼고 살고 싶다는 의

몽실몽실 몽상구름
백 번 자살 시도 끝에 살아난 여자의 찬란한 생의 기록

지를 가질 수 있었으니까. 하지만 그런 대상이 사라졌으니 나는 삶의 목적을 통째로 상실한 셈이나 마찬가지였다. 수많은 상념과 괴로움 속에서 나는 아프게 눈을 뜨고 휘청거리면서 다시 힘들게 창밖의 햇살을 마주하기 시작했다. 당신은 더 이상 못 보는 이 햇살 속에서 잘 사는 것만이 당신의 폭력적인 사랑에 속아 준 내가 당신에게 갚을 수 있는 유일한 길이라고 되뇌었다.

그렇게 '그'라는 사람을, 잔인하고 모진 추억을, 내 안에서 태워 가기 시작했다. 사그라드는 불 속에 잠시 그의 모습이 언뜻언뜻 비치는 듯해 괴로웠지만 당신과의 사랑에 '돌이킬 수 없는 것'이라고 이름을 붙이는 순간, 나의 기억은 괴로움에서 깨끗함으로 정리되어 후련해졌다. 그는 나의 삶에 영원히 잊을 수 없는 악몽이 되었다. 죄책감을 씻어 낸 이후에야 비로소 그 사건은 내가 냉정하게 바라볼 수 있는 추억으로 남았다.

나는 그 추억을 가끔 무표정하고 싸늘한 표정으로 쓸

PART 01
매 순간이 우울한 지옥의 연속이었다

며 그 위에 쌓인 먼지를 정성껏 닦아 준다. 그를 사랑이라 착각하며 깊은 슬픔으로 파고들고 몸부림치던 그 시절의 애정 때문이 아니었다. 그를 빼놓고서는 말할 수 없는 나의 뜨거운 청춘에 대한 자존심이자 오기다. 살기 위한 몸부림 속에서 익숙해진 자연스러운 움직임이다. 어쩌면 그가 내 청춘에 잔인하게 새기고 간 상처를 완전히 도려내면, 나는 뜨거운 열정과 어리석은 환희로 웃었던 기억을 전부 잃을지도 모른다는 두려움에 기인한 것일지도 몰랐다.

나는 차마 돌이키고 싶지 않은 나의 상처들을 무감정하게 바라보며 온몸으로 그 화염을 끌어안기로 했다. 기꺼이 그 상처와 하나가 되어 그 상처의 이름을 새롭게 정의하기로 마음 먹었다. 상처는 수많은 갈래가 되고 나를 낱낱이 해부하는 흔적이 되어 내 안의 커다란 책장 한편에 간직되어 있을 것이다. 나는 여전히 종종 그을림을 어루만졌고, 그 자리에 그를 덩그러니 놓아두었다. 그 끔찍한 상처에서 사랑을 제외하고 원망과 죄책감만 남겨 놓는다고 한들 괴로움만 더더욱 심해질 것이다. 그 자리에 사랑의 미련을 남겨 둔다고 해도 역시 화염 속에 스쳐 간 그의 얼굴을 마주하는 고통이 따를 뿐이었다.

　나는 두둥실 나의 몽상구름 위에 나를 가만히 실었다. 흐르는 눈물과 왠지 모르게 슬그머니 지어지는 미소를 감추지 않기로 했다. 자연스럽게 고통이 내게 스며들고, 뼈와 살을 파고들어 나의 일부로 자리 잡을 수 있기를 기꺼이 허락하며 나는 초연히 살아갈 수 있게 되었다. 못난 사람. 나는 당신 덕분에 죽음과 사랑이 얼마나 허망하고 쓸쓸한지 처절히 실감했다. 지금 태어나 처음으로 세상 어느 누구도 기억해 주지 않을 당신의 기억을 새로 쓴다. 잔인했지만 뜨거웠던 나의 사랑의 기억, 그 쓸쓸한 이름으로 그렇게 다시.

PART 01
매 순간이 우울한 지옥의 연속이었다

나쁜 기억에 이름 붙이기

심리학에서는 '인지심리학'이라는 분야가 있다. 뇌의 인지 구조를 어디에 맞추느냐에 따라 해석이 얼마든지 달라진다는 것이다. 사람의 인지 방향이 어디를 향해 있느냐에 따라 그 사람을 투과하는 세상의 풍경은 새롭게 바뀔 수밖에 없다. 호르몬의 작용으로 인해 슬픔이 파도처럼 내 안에 밀려드는 것을 저항할 수 없다고 한다면 우울은 사람의 의지로 멈출 방법이 없다. 그러므로 나의 의지로 막을 수 없는 고통은 반드시 정신과 의사 선생님의 도움을 받아 우울 및 불안장애의 약을 복용해야 한다.

몽실몽실 몽상구름
백 번 자살 시도 끝에 살아난 여자의 찬란한 생의 기록

    하지만 정신과 약은 한계가 있다. 내가 아무리 살아 보려고 발버둥 치고, 약으로 흘러넘치는 물을 막아 보려 애를 쓴다고 한들 해결할 수 없는 부분이 있다. 삶의 다채로운 괴로움을 어떻게 정밀한 과학의 체계에 맞춰 이해할 수 있겠는가. 그것을 견뎌 내고 잘 살아 내기 위해서 지금 당신이 절실하게 해야 할 것은, 반드시 약의 복용과 더불어 가면서, 세상을 향한 나의 인지를 재편하는 일이다. 다만 그것이 부정적인 인지 방향만은 절대 아니어야 한다.

    우선 당신을 살게 할 인지에 대한 올바른 이해가 선행되어야 한다. 자신의 주관에 세상을 맞춰 새로이 수용하고 이름을 붙여야 한다. 인지의 틀 안에서 나는 얼마든지 새롭게 창조될 수 있는 주체이다. 그런 인간으로 성장하기 위해서, 인간은 그 잠재적 실현 능력을 위해 끊임없이 자신의 새로운 이상향을 창안해야 한다. 그러니까, 쉽게 말하자면 저마다 구름을 만들어 내야만 한다는 것이다. 푹신푹신한 꿈결 같은 도피의 궁극점. 그러나 도피는 회피와 다르다. 삶의 울타리 안에서 주관을 내세울 수 있

PART 01
매 순간이 우울한 지옥의 연속이었다

도록 내가 어떤 가능성을 잠재하고 있는지 우선 가늠해야 한다. 실현 가능한 범위 안에서 최대한 자족할 수 있는 평온의 개념을 재정립하는 것이다.

세상에 소음이 넘쳐 나는 가운데 내가 나의 중심을 잡을 수 있는 곳. 나만의 이데아(Idea). 그곳으로 사다리를 타고 올라가면 방해나 구애받지 않고 온전한 나로 존재할 수 있다. 군중 속 고요의 지대에서 나는 얼마든지 자유로울 수 있다. 인간이 자신에게 집중할 시간과 허락할 수 있는 여유는 사실상 몽실몽실 구름의 지대로 달아나 세상과 약간의 거리감을 둘 때이다. 세파에 휩쓸려 다른 이들의 말이 전부 맞다고 여기며 나도 그 페이스에 맞춰서 살아가려고 한다면 그들의 문법에 질식되어 나의 주체성을 상실하게 된다.

유유히 흐르는 나만의 몽실몽실 아름다운 구름 위에 나를 온전히 맡기는, 그 낭만을 상상하며 나라는 몽상가는 괴로운 시간을 건너왔다. 그 과정을 거친 후에야 세상

몽실몽실 몽상구름
백 번 자살 시도 끝에 살아난 여자의 찬란한 생의 기록

이 뭐라든 내 방식대로 세상에 이름을 붙여 주는 것이 가능해졌다. 삶에 짓눌리지 않고 내 삶에 줏대를 세워 볼 수 있게 되었다. 철없던 시절, 나만을 바라봐 주던 그 사람을 향해 내바친 그 끔찍한 사랑 역시 시간의 구름을 타고 유유히 흘러갔다. 그렇게 내가 세상을 인지하고 생각하는 방향을 내 삶이 아름다워질 수 있는 쪽에 맞추었다. 그렇게 나만의 인지 방법을 통해 바라본 세상의 모습은 저들의 판단을 유보하고, 개편된 나의 인식의 창에 더 많은 나의 상상과 사고를 첨가하여 희망을 발전하는 쪽으로 이어졌다. 그런 희망과 사랑으로, 다른 누구도 아닌 내가 믿은 그 신념의 체계 안에서. 나는 얼마든지 자유로운 상상이 가능한 몽실몽실 구름을 타고 이 삶을, 가로지른다.

PART 02

콤플렉스라는 **목줄을 매고**
번지점프하다

PART 02
콤플렉스라는 목줄을 매고 번지점프하다

거울 속에 비친 끔찍한 괴물

거울을 바라볼 때마다 내가 저지른 일이 엄청난 크기로 부풀어 올라서 나를 압도하는 것만 같았다. 제삼자의 시선으로 보았을 때 그 일은 아주 사소한 것일지 몰라도 내 안에서는 끔찍한 괴물이 되어 나를 잠식했다. 그것이 우울장애의 커다란 증세 중 하나다. 내가 만나 본 우울증 환자들은 모래 한 줌만 한 고통에도 몸서리치며 괴로워할 정도로 상처로 가득했다. 나 같은 경우는 거울 속 나의 모습이 괴물처럼 느껴져 심각하게 무서웠다. 그 탓에 사람들을 바라보는 것이 두려웠고 이는 심각한 대인기피증으로 이어질 수밖에 없었다. 세상에서 통증만큼 상대적인 것은 없다. 그러나 통증이란 역으로 그 사람이 어떤 상처를 거쳐 왔는지 보여 주는 아주 정직한 거울과도 같다.

콤플렉스(Complex)는 말 그대로 내 안에 뱀처럼 똬리를 틀고 있는 고통의 실체를 말한다. 그것을 건드는 순간 나는 낱낱이 발가벗겨진 것처럼 두렵고 아프다. 나란 존재의 실체가 다 들통나는 것 같은 느낌이 든다. 결국 똬리를 틀고 있는 복잡한 세상을 마주할 때, 자칫 그 실마리가 풀릴까 봐 온몸을 사리게 된다. 그러다가 그 실마리를 누군가 조금이라도 건드는 시늉이라도 하면 나는 몸서리치며 인생이 통째로 부서지는 기분에 사로잡힌다. 그런 사람 눈에 이 세상은 객관적인 대상이 아니라 '나'라는 끔찍한 자의식이 투영된 공포의 환영 그 자체이다. 상처받은 영혼은 파편으로 부서져 유리 조각처럼 날카롭게 심장을 찌르며 내 살집을 파고든다. 콤플렉스란 부서지기 쉬운 병든 영혼이 웅크리고 숨죽인 채 곪아 가는 상태를 의미한다. 그 병든 영혼은 내가 보기에 세상에서 가장 기괴하고 흉측한 모습을 하고 있다.

PART 02
콤플렉스라는 목줄을 매고 번지점프하다

    프랑켄슈타인 박사가 창조한 괴물이 '절망이 나를 괴물로 만들었다(Misery made me a fiend.)'라고 울부짖은 것처럼. 세상 그 누구로부터 인정받지 못하고 낙오되는 것만 같다고 감각하며 파멸을 꿈꾸는 그는 병든 자의식의 산물이다. 어디까지나 나의 흠집을 비추는 거울로 가득한 세상과 마주하여 그 모습으로부터 한없이 도피하고자 어둠에 갇힌다. 사방으로 깨진 거울은 서로가 서로를 비추며 수없이 많은 갈래로 파편화되어 유리관의 세계 속에 갇힌 슬픔으로 비대해진다. 실비아 플라스의 소설 『벨 자(Bell Jar)』의 형상처럼 거꾸로 뒤집힌 유리병 안에서 나의 괴물은 내 숨통을 압박한다. 그 유리에 손을 대려다가도 그것을 만지려는 손끝이 아리고 숨통이 조여 오는 가운데 결국 내가 창조한 괴물에 의해 죽어 간다. 나는 한동안 몽실몽실 하얀 구름 위에 두둥실 떠 있는 상상을 하면서 발이 닿는 현실로부터 달아났다. 세상에 발을 딛는 실제 감각을 상실한 채 붕 뜬 느낌에 사로잡혔다. 괴물을 외면하기 위해서는 그렇게 하지 않으면 안 됐다.

몽실몽실 몽상구름
백 번 자살 시도 끝에 살아난 여자의 찬란한 생의 기록

 그렇게 한참을 괴물로부터 달아나려고 애썼다. 하늘 위 구름으로 간절하게 도망쳐서 곰돌이 모양, 고양이 모양, 새 모양, 하트 모양, 꽃 모양. 내가 사랑하는 모양으로 구름을 이리저리 만지는 상상을 했다. 내가 사랑하는 것들로 뭉게뭉게 가득 찬 저 파란 하늘을 바라보며 나는 나만의 아름다운 세상을 꿈꾸었다. 세상을 향해 다가가는 것이 두려웠고 그 앞으로 나아갈수록 나는 점차 괴물로 변해 갔다. 현실을 도피해서 드넓은 파란 하늘을 향해 손을 내뻗었다. 실제로 아무것도 잡히지 않아도 나는 동화 같은 상상 속에서 날아다니는 꿈을 꿀 수 있다. 백화점 옥상에 올라가 날개가 자라나기를 바라던, 이상의 「날개」 속 남자를 떠올린다. 상처투성이 세상 속에서 하늘을 향해 부질없는 날갯짓을 하던 그는 어쩌면 시들어 가는 병든 영혼의 전형적인 초상일지도 모른다. 내 안의 괴물은 한도 끝도 없이 비대해졌다. 커다래진 괴물은 게걸스레 절망을 삼켰다. 나는 그 괴물을 끌어안기에는 너무 약했기에, 내 삶으로부터 달아나기로 결심했다.

PART 02
콤플렉스라는 목줄을 매고 번지점프하다

　어린 시절 다른 아이들이 수없이 많은 사교육에 찌들어 있던 때, 나는 디즈니 비디오테이프 속에 완전히 빠져서 살았다. 집에 덩그러니 혼자 남아 있는 경우가 많았다. 그럴 때마다 하늘을 마음껏 날아다니고 들판 위에서 도날드 덕과 신나게 춤을 추는 미키 마우스를 보면서 무한한 상상의 지대 가운데 행복했다. 어릴 적 나는 이상하리만큼 조숙했고, 조숙해져야만 하는 상황 속에서 자랐다. 자의식이 제대로 생기기도 전에 긴장하며 마주한 세상은 제대로 이해를 하지 못한 상태에서도 한없이 두려웠다. 무엇을 어떻게 생각하고 이름을 붙여야 하는 것이 맞는지 감이 오지 않았다. 그런 휘청이는 자의식 가운데 디즈니를 만나서 나는 몽실몽실 하얀 구름 같은 상상을 향해 한없이 나아갔다. 어른들 사이에서 오가는 알 수 없는 이야기, 순수하고 착하게 굴수록 안 좋은 대우로 돌아오던 시선의 감옥에서 나는 최선을 다해 도망칠 구석을 찾아야 했다. 상상은 상상을 낳았고 나는 몽실몽실 하얀 구름 위에 누워 두둥실 떠다니며 나를 새로운 삶의 상태에 놓은 채 거울을 바라보았다.

몽실몽실 몽상구름
백 번 자살 시도 끝에 살아난 여자의 찬란한 생의 기록

    디즈니의 세계를 두둥실 가로지르던 어린 시절과 달리 크면서부터는 알고 싶지 않은 세상의 실체를 알게 되었다. 어린 시절의 순수한 상상력은 오히려 낭만으로 남아 현재를 버틸 수 있도록 해 주었다. 아픔의 충격이 내게 닥쳤을 때 그 충격을 완충재 없이 그대로 흡수하기보다 거리를 두고 보면서 어떻게 아픔과 함께 할 수 있을지 공존의 생리를 깨달아 갔다. 다른 누구도 아닌 나만의 소중한 그 방법에 대하여. 몽실몽실 하얀 구름에 나를 내맡긴다는 것은 현실을 외면하는 것이 아니다. 현실을 심각하게 바라보지 않기로 결심한 자의 가볍지만, 결코 가볍지 않은, 다짐이다. 저마다의 구름 위에서 나의 괴물과 거리를 두고 만화경처럼 깨진 거울 속 수많은 나의 존재를 마주하는 것이다. 거울을 보는 것조차 어려워하며 세상 사람들을 마주하지 못했던 나는 아늑한 나의 구름 위에서 현실을 바르게 재편할 힘을 만들었다.

    세탁기 돌아가는 소리, 문을 두드리는 소리, 매 맞는 소리, 접시가 깨지는 소리, 사람이 사람에게 가하는 잔인

PART 02
콤플렉스라는 목줄을 매고 번지점프하다

한 말들. 그 지옥 같은 상황 가운데 어떻게든 살아야만 했다. 그 속에서 바들바들 떨면서 증오와 슬픔을 키워 가는 것은 오히려 괴물을 키우는 일이다. 괴물을 어떻게 해서든 이해하고 마주하려는 노력은 심리학에서 얘기하는 끝없는 자극과 노출의 과정을 통해 그것을 나와 무관한 것으로 바라보도록 하는 시도와 같다. 빛바랜 투명 구슬처럼 슬픔을 응시하는 일은 괴물과의 만남으로 인해 죽어가던 나의 자존감과 혼란스러운 파편의 흔적을 재정비하는 일이다. 그 슬픔에 대한 올바른 인식이 필요하다. 그 가운데 비대해져 가는 거울 속 괴물은 이제 고통으로 다가오기보다 못나지만 익숙해진, 나와 더불어 가는 존재로 새롭게 태어난다. 그 괴물은 구름을 타고 함께 놀던 귀여운 미키 마우스를 닮은 것 같기도 하다. 그런 것처럼 이런 내 모습을, 못나더라도 귀엽고 사랑스럽게 봐줄 수 있지 않을까.

몽실몽실 몽상구름
백 번 자살 시도 끝에 살아난 여자의 찬란한 생의 기록

끔찍한 괴물 토막 살해 사건

　어느 날 거울 속 괴물 같은 내 모습이 끔찍하게 토막 나 썰리는 꿈을 꿨다. 그 꿈에서 나는 내 몸이 댕강댕강 이리저리 썰려 나가는 잔인한 시해의 장면을 한 발짝 떨어져 물끄러미 쳐다보고 있었다. 그런 무서운 꿈 속에서 내 자신이 얼만큼 지옥을 맛볼 수 있는지 경험했다. 그 안에서 나는 철저히 외로웠다. 그 과정 속에서 얼마만큼이나 죽음과 가장 가까운 바닥으로 치달을 수 있는지 깨달았던 것 같다. 꿈은 확실히 잠재된 두려움과 무의식의 심연을 반영하는 거울이자 그 숨겨 둔 감정을 증폭시키는 하나의 기제. 나는 깨진 자의식의 거울에 둘러싸여 나의

PART 02
콤플렉스라는 목줄을 매고 번지점프하다

못난 모습이 수없이 증강되는 현실을 보며 더욱더 자학하는 지경으로 치닫게 되었다. 그 속에서 나는 『거울 나라의 앨리스(Through the Looking-Glass)』처럼 어디를 도망가도 끝이 보이지 않는 무아지경 가운데 사방이 깨진 거울의 벽으로 막힌 공간에 갇혀 있었다. 어디로 도망가도 지옥뿐인 그곳에서.

우울장애의 가장 큰 특징 중 하나는 자의식 과잉이다. 실제 내 모습보다 나를 더욱 부각해서 인식하는 것이다. 나는 내가 가진 면모 중 가장 나쁘고 못난 면만 가장 크게 확대해서 생각했다. 그렇기에 정신과에 갔을 때 우울장애를 측정하는 항목 중에 빠지지 않고 등장하는 질문이 바로 '내가 이 세상에서 없어지면 세상이 완벽해질 것만 같은 기분이 든다'라는 식의 질문이다. 이 세상이 나를 중심으로 돌아간다고 생각하는 비대망상증에 빠진 것은 확실한데, 그 망상은 사실 자신의 고통을 실제 이상으로 확장하여 해석하는 것이다. 나의 고통은 객관적으로 보면 손바닥만 한데 나는 그 고통을 주관적으로 판단하여 내 삶

몽실몽실 몽상구름
백 번 자살 시도 끝에 살아난 여자의 찬란한 생의 기록

을 통째로 집어삼킬 것 같은 괴물로 인식하게 된다. 그런 자의식 과잉을 내 탓이라고 할 수 없다. 나는 애초부터 그런 끔찍한 괴물과 대면하고 싶지도 않았고 거기에 사로잡혀 내 온몸이 분해되는 것만 같은 착각에 빠지고 싶지도 않았기 때문이다. 우울장애가 주는 압도적인 느낌은 나의 육신을 갈기갈기 찢기는 괴로움으로 치닫게 만든다.

예전에, 내가 어떤 사람에게 하려고 한 말을 못한 적이 있었다. 나도 속이 좁지만 나보다 더 속이 좁고 나와는 반대로 자존심이 단단히 셌던 그 사람은 나의 침묵을 오인하여 나에 대한 안 좋은 소문을 크게 부풀려 뒤에서 퍼뜨렸다. 나는 그 집단에 속해 있는 동안 왕따가 되어 모두의 차가운 시선을 받게 되었다. 늦게라도 찾아가서 간단한 진실 하나만 고백하면 되는 거였다. 내가 침묵으로 방기해 버리는 바람에 당신의 자존심에 큰 상처를 준 것 같아 죽을 듯이 미안하다고 싹싹 빌면 되는 것이었다. 하지만 그 사람은 그 무리에서 많은 사랑과 인정을 받고 있는 사람이었고 나는 이미 그들에게 나쁜 년으로 낙인이 찍힌

PART 02
콤플렉스라는 목줄을 매고 번지점프하다

채였다. 그렇게 나는 완벽히 나쁜 년으로만 인식되었다. 나는 과거에 스친 작은 순간까지 들춰 가면서 그것을 나쁜 것으로 치부하며 나를 최악으로 몰아세웠다. 나는 그 무리 속에서 이보다 더 나쁜 년일 수 없겠다 싶을 수준으로 화형당하며 꼼짝없이 죽음 같은 고통을 맛보아야 했다. 뒤늦은 후회와 속죄도 필요 없었다.

의지할 친구나 가족도 없던 나는 그 순간, 그 당시 사귀던 남자친구에게 전적으로 의지했지만 결과는 똑같았다. 속사정을 울면서 털어놓아도 그는 자신이 대단한 심판자라도 되는 양 나를 깎아내릴 뿐이었다. 나는 그 앞에서 더욱 위축되었고 죄의식에 사로잡혀 우울장애 약을 더욱 강도를 높여 먹었다. 그러나 정말 말 그대로 아무런 효과도 없었다. 우울장애 체크 항목에 있던 말대로, 나는 나만 없으면 이 세상이 완벽하게 돌아갈 것 같은 착각에 사로잡혔다. 그 아마득한 안개 속에서 어떻게 죽으면 좋을까만 생각했다. 나를 싫어하기로 작정한 그 무리는 나를 공통된 적으로 여기고 저주해야만 집단의 유대감 형성과

몽실몽실 몽상구름
백 번 자살 시도 끝에 살아난 여자의 찬란한 생의 기록

자기합리화를 하기 편했으므로 더 이상 나의 어떤 변론도 받아 줄 의향이 없어 보였다. 나는 세상에서 완전히 버림받은 존재가 되어 버린 것 같았고 뒤늦게 그 무리에서 벗어나기 위해 애썼다. 나는 내 상상 속에서 나라는 끔찍하게 못난 괴물을 죽이고 죽이는 상상을 거듭했다. 어떻게 죽으면 저들에게 가장 충격적인 복수가 될 수 있을까 생각할 정도의 끔찍한 망상은 나를 질식시키고, 종국에는 가장 잔인하게 나를 해칠 수 있는 방법만을 상상하기에 이르렀다.

자의식 과잉이란 결국 내가 가늠할 수 있는 나의 범위를 최소한으로 제한한다. 그 안에 놓인 사람은 죽음 이상의 죽음을 상상하기도 한다. 나는 세상으로부터 간절하게 도망치고 싶었다. 끝에는 아무것도 감각하지 못하는 지경이 되어 그 무감각의 세계 가운데 어떤 자극도 받지 않으며 손끝 하나 움직이고 싶지 않았다. 나의 작은 움직임조차 이 세상에 죄를 저지르는 것만 같은 이상한 망상이 내가 원하지도 않는데 나를 계속 괴롭혔다. 사람은 자신이

PART 02
콤플렉스라는 목줄을 매고 번지점프하다

속한 집단을 무시하고 살 수 없는 존재이다. 그 집단 속에서 자신의 존재감을 인정받고 싶다는 욕구를 갖게 되고 그 집단이 부여하는 일종의 암묵적 규칙에 따르게 된다. 하지만 그 욕구가 강해지면 강해질수록 나는 내 상상 속의 끔찍한 괴물이 거대하게 커져 가는 것을 느꼈고 그 속에서 내가 잔인하게 살해되는 꿈을 꾸기 시작했다. 그 최악의 꿈 가운데 나는 저들이 말하는 나의 약점을 나의 콤플렉스로 부각해서 생각했다. 그 콤플렉스라는 목줄을 매고 한없이 추락해서 바닥으로 치닫기를 꿈꾸었다.

나는 기꺼이 내가 죽어 마땅한 이유를 내 안에서 찾아 파고들어 가기 시작했다. 우울장애란 바로 그런 것이다. 나를 끔찍하게 죽이는 망상을 계속 해 나갈 수밖에 없는 지경에 이르러 그 속에서 무참히 스러지는 순간을 꿈꾸는 것. 그 암흑의 끝에서 떠올리는 지옥은 그동안 내가 살아온 흔적을 전부 부정하는, 거듭되기만 하는 처참한 살해일 뿐이었다. 나는 가만히 누워 있을 때조차 내 사지가 다 잘려 나가는 망상에 빠지기에 이르렀다. 그나마 정신과

몽실몽실 몽상구름
백 번 자살 시도 끝에 살아난 여자의 찬란한 생의 기록

약을 처방받아 간신히 괴로움을 덜어 낼 수 있었다. 그런 지옥이 반복되다 보면 나를 토막 내는 듯한 잔인하고 우울한 이 망상의 끝에는 결국 죽음밖에 없다는 생각이 들게 된다. 그러나 죽음이 과연 정답인 것일까. 죽음을 상상하는 그때조차 그 죽음만을 피하기 위해 미친 듯이 노력하고 발버둥 쳤다. 제발 부탁이니. 죽음만은 최대한 미루고 싶다는 생각으로 살기 위한 변명을 어떻게든 지어내고 지어내어, 몽상구름으로 날아올랐다.

어떤 끔찍한 망상도 최악의 자학도 나를 침범하지 못하는 경지로까지 힘껏 나아가기 위해서는 일단 물리적으로 나를 괴롭히는 그 무리로부터 도망쳐야 한다. 그 무리로부터 몸이 빠져나오고 난 이후 나는 잔혹한 드라마와 같은 망상 하나하나를 돌이킬 수 없다고 생각했다. 그리고 이미 일어나 버린 그 일에 서사를 부여한다.

이것은 실제 문학 심리 치료 관련 논문에서도 밝혀진 것인데, 상처를 입은 사람들은 일종의 '불가피성'을 부여

PART 02
콤플렉스라는 목줄을 매고 번지점프하다

하면서 내가 창조한 서사 안에서 그럴 수밖에 없었던 이유를 만들어 낸다고 한다. 비겁한 자기변명일 수도 있을 테지만, 일단 살고 봐야 할 것 아닌가. 살기 위해서는 나를 중심으로 놓고 그 고통스러웠던 사건 속에서 내가 그 잘못을 저지르게 된 개연성을 만들어야 한다. 자연스러운 서사의 개연성 가운데 나는 그 사건의 중심에서 잘못할 수밖에 없던 그 이유에 대해 보다 관대한 시선으로 거리를 둔 채 이해하려고 애쓴다. 그런 반복되는 이해와 나만의 서사를 내 안에서 명확하게 굳혀 가다 보면 나는 남들의 시선에 휘둘리기보다 좀 더 주도권을 갖고 세상을 인식하게 된다. 그런 인지 재편 과정에서 내 세계는 한 번 허물어지고 새롭게 쌓아 올려지게 된다. 그리고 점차 내가 갖고 있던 고통의 감각에서 무디어지게 된다.

내가 만들어 낸 이야기의 구름으로 달아나 아무도 나를 보지 않는다고 생각하며 허공으로 뭉게뭉게 떠오르는 기분. 끝없이 나를 잠식해 왔던 부정적인 생각으로부터 몸은 도망칠 수 있는데 머리가 도망칠 수 없다면, 우리는

몽실몽실 몽상구름
백 번 자살 시도 끝에 살아난 여자의 찬란한 생의 기록

도망갈 수 있는 상상의 안전지대를 창안해 내야 한다. 사람은 자신의 삶에 저마다의 이유를 가지고 있고, 세상의 언어로부터 유리된 채 삶을 푹신하게 지켜 낼 구름이 필요하다. 그리고 나는 고통받는 이들이 지상에 발을 디디고 살기보다 조금 붕 뜬 상태더라도 세상을 좀 더 넓은 시야로 보며 삶을 나 자신의 언어로 온전히 해석하기를 바란다. 나는 나만의 언어와 색깔로 세상에게 이름을 붙여 주고 나의 정체성을 스스로 정립해 나가기 시작했다. 그러다 보니 나는 누군가를 만날 때도 남이 아닌, 나의 판단 기준으로 관계를 어떻게 유보하고 나만의 방식으로 이해하면 되는지 확신할 수 있게 되었다.

오해를 받고 끔찍한 괴롭힘을 당했음에도, 나는 이제 그 안의 어떤 이도 미워하지 않게 되었다. 그리고 나 자신이 세상 사람들과 쉽게 섞이지 않는 독특하고 예민한 천성을 가진 사람이라는 사실을 받아들였다. 쉽지는 않더라도 상대에게 적당한 가식과 진심을 섞어 가며 적절한 비율로 나를 감추고 드러내는 데에 노련해지게 되었다.

PART 02
콤플렉스라는 목줄을 매고 번지점프하다

　그러자 점차 거울 속에 존재하는 끔찍한 괴물을 잔인하게 파멸하는, 나를 죽여 나가고 있던 살해 시도를 멈추게 되었다. 괴물에 좀 더 익숙해지자 나는 비대하게 넘쳐나던 자의식으로부터 나를 지키기 위해서는 나 자신으로부터도 어느 정도 거리를 두어야 한다는 걸 깨달았다.

　내가 나를 지나치게 사랑하는 것뿐만 아니라 지나치게 증오하는 것도 일종의 나르시시즘이라고 할 수 있다. 나를 극단적 스토리의 중심 인물로 몰아넣어, 실제 존재하는 '나'라는 인간보다 스토리의 중심에 존재하는 '나'를 더 큰 존재로 만들어 내 나를 특별한 인물로 만들지 않으면 스스로 버틸 수 없는 것이다. 그런 자신을 인격체로서 사랑해 주려면 건강한 자아 정립 방식이 필요하다. 거울 속에 비친 끔찍한 괴물을 살해하기를 원하던 나는 그 괴물이 나라는 사실을 인정하고 싶지 않았던 것 같다. 거울 속의 나를 괴물로 타자화하여 무찔러야 할 대상처럼 여기고 그 비극의 플레이 속에 나의 존재감을 확인한 것이다.

몽실몽실 몽상구름
백 번 자살 시도 끝에 살아난 여자의 찬란한 생의 기록

우울장애가 위험한 이유는 우울이 끊임없이 더 큰 우울을 불러와, 괴물처럼 나를 위협하는 존재로 둔갑하기 때문이다. 나의 몽상구름 위로 두둥실 떠서 그 괴물의 모습을 상상해 본다. 구름이 떠 가는 정직한 시간의 흐름 속에서 나의 상처는 조금씩 아물기 시작했다. 텅 빈 나의 내면을 채워 주는 몽상이라는 안전지대로 나의 상상은 무한하게 넓어지고, 통증의 열기를 조금씩 식혀 낸다. 하얗고 몽실몽실한 몽상구름은 잔인한 자해의 흔적을 감추고, 내가 그것을 투명한 시선으로 바라보게 해 주었다.

PART 02
콤플렉스라는 목줄을 매고 번지점프하다

몽실몽실 하얀 구름 위로 점프!

당신의 콤플렉스가 무엇이든지 분명 드러나게 되어 있다. 콤플렉스란 당신의 자존심에 커다란 상처를 준 무언가이며, 그 괴물 같은 상처는 그때부터 당신의 목에 목줄을 채우고 있다. 조금이라도 엇나가면 당신은 그 목줄이 당겨져 금방이라도 숨이 막혀 질식할 듯한 괴로운 지경에 이르게 된다. 세상이 건넨 말 한 마디에 목에 걸린 목줄은 가시로 변해 당신에게 어마어마한 상처를 남긴다. 그리고 끔찍하게 숨통을 누르는 목줄을 보며 나는 이런 하찮은 대접을 받아도 마땅한 인간인가 보다 하고 깊은 자조를 하게 된다. 그 목줄의 끝이 어떻게 되는지 알지 못

몽실몽실 몽상구름
백 번 자살 시도 끝에 살아난 여자의 찬란한 생의 기록

한 채 그대로 하늘에서 뛰어내려 고통의 늪으로 추락하기로 한 당신. 그러나 당신도 몽상구름에 안착하게 된다면 그 목줄이 실체가 없음을 바로 깨달을 수 있을 것이다. 당신을 질식시키던 목줄이란 이처럼 실체 없는 당신의 구름과도 같다. 콤플렉스란 오로지 나의 상상과 변명으로 구축해 올린 것이기 때문이다.

쇼펜하우어식에 따르자면 이는 맹목적인 삶의 의지를 향한 질주이며 저마다 가진 꿈속 표상으로 가득한 헛헛한 이미지들이다. 내가 존경하는 이청준 작가님께서 하신 "소설가는 다 저마다 자신의 삶을 변명하기 위해 이야기를 지어내는 존재이다"와도 무관하지 않다. 이청준 작가님도 역시 겉으로 보기에 훌륭한 작가로서의 삶을 사신 분이지만 그의 작품 세계는 일관되게 죽음을 불사하지 않으며 끝없이 작은 불빛을 향해 나아가려는 고통의 몸부림이 두드러진다.

관념적이고 철학적인 그의 문학 세계는, 최고의 목소

PART 02
콤플렉스라는 목줄을 매고 번지점프하다

리를 내는 명창으로 거듭나기 위해서 한없이 앞으로 나아가려는 소리꾼의 고통(「서편제」), 나병 환자가 넘치는 가운데 정치적인 술수에 의해 도태당한 이들 속 정의의 탈출구를 찾는 자들의 이야기(『당신들의 천국』), 끔찍한 도시 속 고독과 소외에 몸부림치며 절망의 안개 속에서 새들을 하늘로 풀어 보내 주는 사람의 이야기(「잔인한 도시」)가 수없이 많이 담겨 있다. 그의 문학은 마음의 열병으로 뜨거워져 있던 시절 커다란 위로가 된 또 하나의 도피처였다. 관념적인 고뇌를 아름다운 구상의 실체로 구현해 낸 그의 작품은 문학이 얼마나 푹신푹신하고 편한 구름의 역할을 해 주는지 알려주었다.

그의 작품 세계 속 주인공들은 저마다 안개가 자욱한 지옥 속에 있다. 그리고 인간의 유한한 삶의 테두리 안에서 자신이 추구할 수 있는 한계를 마주한다. 그 유한성의 폐쇄적 한계 안에 갇힌 인간 모두의 존재는 결국 저마다 죽음을 예고받은 고독한 실존적 존재이다. 그 실존으로서 자신을 온전히 실현하기 위해서 인간은 삶의 유한성을 망

몽실몽실 몽상구름
백 번 자살 시도 끝에 살아난 여자의 찬란한 생의 기록

각하고 제한된 현재와 미래에 구속된다. 나는 이청준 작가님의 작품을 통해 얻은 관념적이고 모호한 인간의 꿈에 대해 수없이 많이 생각하며 다소 조숙한 청소년기를 거쳤다. 그렇게 어른이 되어서야 제대로 깨달았다. 모두에게 죽음은 공정하게 주어진다는 것. 그 죽음의 속성이 다르다고 할지라도 결국 그 세계로 추락했을 때의 무게는 모두 같다는 것. 그런 죽음 앞에 초연해지고 현재 주어진 순간에 집중해서 쾌락을 즐기라고 했던 에피쿠로스 학파의 충고는 어쩐지 편안한 구름처럼 느껴진다.

이청준 작가님의 작품 속 인물은 자신의 삶에 드리워진 죽음을 명확히 인식하면서도 그 어둠의 터널을 뚫고 희미하게 보이는 빛을 향해 저벅저벅 걸어간다. 마치 그 빛에 눈이 먼 사람인 것처럼. 저마다 삶 속에 끔찍한 상처를 갖고 있지만 발화하는 데 실패하고만 주체는 그 삶의 막막한 무의미와 상처를 견디기 힘들어한다. 그 주체는 빛나는 목표 앞으로 계속 다가가면 다가갈수록 화염이 몸에 옮겨붙어 결국 죽음과 더욱 가까워진다는 사실

PART 02
콤플렉스라는 목줄을 매고 번지점프하다

을 안다. 그럼에도 불구하고 끝없이 나아감으로써 죽음 그 이상을 실천하려고 애쓰는 것은 어쩌면 단순히 생존(Survive)에만 집중한 게 아니라 삶(Live)으로 살아 내기 위해 노력한 인간의 숭고함이 아닌가 생각한다. 그 끝이 비단 예술이거나 정의가 아닐 수도 있다. 어떤 형태든 간에 어떻게 해서든 기어코 잘 살아 내고자 한 투쟁일 것이다. 막연한 낙관보다 구체적인 희망을 갖고 그 희망에 집중하여 자신의 욕망을 속이지 않고 나아가는 이의 모습만큼 인간을 가장 인간답게 하는 것이 어딨을까.

나는 나의 콤플렉스를 마주하는 것이 지독하게 싫어서 관념의 몽상구름을 만든다. 내 목을 감싼 밧줄을 잡고 무중력 상태로 저 높은 지대를 향해 나아간다. 어릴 적, 특히나 좋지 않은 피부 상태로 타인의 눈빛에 어린 불쾌함을 느낄 때마다 나는 고개를 숙여야만 했다. 끝없는 경쟁과 서열 구도에 지쳐 극심한 어지럼증을 느낀 나는 우울증 약을 감히 혼자 타 먹어 볼 용기조차 없었다. 집 안에서마저도 물리적으로 안정을 느낄 수 있는 공간을 찾

몽실몽실 몽상구름
백 번 자살 시도 끝에 살아난 여자의 찬란한 생의 기록

지 못했고, 그런 숨 막히는 환경 가운데 지상 어디도 눈을 돌릴 곳이 없었다. 그럴 때면 하늘을 바라보며 유유히 떠다니는 구름에 나의 몸을 맡기고 나 또한 흘러가기를 바랐다. 희망을 말하면 필연적으로 더 큰 실망으로 돌아오지 않을까 했지만, 그런 생각은 이미 까진 상처에 소금을 뿌리는 것처럼 콤플렉스를 심화시키곤 했다. 목에 목줄을 두른 나는 언제든 죽을 준비가 되어 있는 사람이었다. 어느 순간부터는 내 삶에 죽음이라는 끝이 있을 거라 생각하면서 더욱 편안해지게 되었다.

다만 이 지상을 떠날 마지막 그 순간까지 미련을 두고 싶지 않다는 결심만은 굳건히 했다. 그렇게 강단 있는 다짐으로 심하게 나부끼는 나의 마음을 다 잡았고 나는 비로소 이상하고 따뜻한 구름 속에 푹신하게 기댈 수 있었다. 언젠가는 영원히 깨어나지 않을 꿈속에 잠겨 들 수 있을 것이다. 그렇다면 나는 이 구름을 타고 저 하늘 먼 곳으로 사라져 없어지는 존재겠지. 그렇기 때문에 나는 세상이 뭐라고 말하든, 나의 콤플렉스가 나를 얼만큼 괴롭

PART 02
콤플렉스라는 목줄을 매고 번지점프하다

게 하든, 그게 나를 죽이려고 애쓰든지 말든지 간에 반드시 이 생에 붙어서 이 삶을 최대한 사랑하기로 했다.

두둥실 나만의 몽실몽실한 몽상구름 위에 떠다니면서 언젠가 닥칠 미래와 죽음에 대해 잠시간 잊고 현재의 순간에 온전히 나를 맡기기로 했다. 그러자 몽상구름을 타고 나아가는 삶 가운데 나는 나의 이상한 우울과 망상이 푹신푹신하고 보드랗게 만져지는 기분이었다.

삶이 나를 속일지라도, 삶과 어느 정도 거리를 둔 상태로 몽실몽실 몽상구름 위에 탄다면 두둥실 떠오른 채 시간의 흐름을 타고서 앞으로 나아갈 수 있다. 최대한 어떤 타격도 받지 않고 상처에도 아프지 않을 수 있을 만큼 몽실몽실 구름같이 자유로운 몸짓으로 하늘을 유영하면서, 신나게 춤춰 보자!

몽실몽실 몽상구름
백 번 자살 시도 끝에 살아난 여자의 찬란한 생의 기록

안개 속 그 남자를 기다리며

그 사람을 처음 본 것은 구름에서 비가 내리다 그친 뒤 안개가 자욱하게 낀 날이었다. 그 남자는 어딘지 모를 쓸쓸한 눈빛을 하고 순수한 표정을 지었다. 사랑은 첫인상과 케미스트리가 중요하다. 그 사람은 순수한, 아니 어쩌면 순수를 꾸며 낸 표정으로 나에게 한없이 따뜻한 친절을 베풀었다. 내가 기침이라도 하면 따뜻한 얼그레이 차를 무심한 듯 사다 주었고 말이 유독 적은 사람이었지만 어쩌다 가진 술자리에서는 진심을 조곤조곤 털어놓기도 했다. 그럴 때면 늘 소주를 빈 잔에 눈물처럼 채워 넣곤 했다. 늦은 나이까지 어머니를 모시고 살고 있던 그 남

PART 02
콤플렉스라는 목줄을 매고 번지점프하다

자는 웃으면서 이번 생에 결혼은 틀렸다고 말했다. 내가 가진 아픔과 비슷한 상처를 가지고 있다는 것을 알게 된 이후로 나는 그 남자와 더욱 가까워졌다. 그의 곁에서 영원히 함께하고 싶다는 마음이 들었다. 그러나 분명히 나를 좋아하는 것은 맞는데 끝까지 차마 좋아한다고 말하지 못하는 그의 속내가 너무 뻔하게 드러나 보였다. 늦은 밤에 여자 혼자 취한 채로 걸어가면 위험하니까 데려다주겠다고 커다란 우산을 함께 쓰고 나른한 밤공기를 가르며 붕 뜬 기분으로 걸어갔다. 마치 구름 위를 걷는 것처럼.

그는 섬세하고 예민한 사람이었다. 이문세의 「소녀」라는 노래를 매우 좋아했으며 국문학과 출신답게 기형도의 시집 『입 속의 검은 잎』을 유난히 아껴 읽던 남자였다. 나는 음악과 문학 취향마저도 잔잔하게 잘 맞는 그에게 더욱 끌렸다. 그렇게 내가 먼저 그의 볼에 키스를 하면서 어설픈 사랑은 시작되었던 것 같다. 나 그쪽 좋아하니까 사귀면 안 되겠냐고. 그러자 그 남자는 잠시 상기된 얼굴로 웃다가 갑자기 심각한 표정으로 우리 이러지 말자고

몽실몽실 몽상구름
백 번 자살 시도 끝에 살아난 여자의 찬란한 생의 기록

말했다. 그러면서 그는 나를 자연스럽게 자신의 집으로 데려갔다. 나는 그의 품속에서 구름에 안긴 것만 같은 푹신푹신한 안정감을 느꼈다. 그는 내가 그의 볼에 키스를 한 이후 술을 더 많이 마셔 나른하게 취한 채였다. 나는 그의 손길을 다가오는 대로 허락해 주었다. 그는 나를 애무하면서 사랑 그까짓 게 뭐라고 이 지랄인지 모르겠다는 알 수 없는 말을 늘어놓았다. 나는 그가 나를 정상적으로 사랑해 주리라고 믿었고, 나도 그런 그에게 헌신하고 싶었다. 그러나 그는 끊임없이 자신이 얼마나 못난 사람인지 나에게 고백했다. 나는 이미 이혼을 한 번 했고 새로운 사랑을 할 자신이 없다고. 너는 아직 가능성이 창창하지 않냐고. 나 같은 쓰레기를 좋아하지 말라고 날카로운 냉소를 담아 주절거리는 그 앞에서 물러서고 싶지 않았다.

그런 그의 사랑은 점점 폭력적으로 변질되어 갔다. 그는 세상이 남자에게 부여한 기준에 자신이 못 미친다는 생각에 사로잡혀 있었다. 우수에 가득 찬 눈빛과 말투로 나를 자극하자 멍청한 나는 그에게 더욱 미쳤다. 구름에

PART 02
콤플렉스라는 목줄을 매고 번지점프하다

서 기꺼이 추락하기를 바라는 그의 나약함이 견디기 힘들 만큼 나를 아프게 붙잡고 놓아주지를 않았다. 나와 그만이 존재하는 완벽하고도 푹신푹신한 몽상구름 위에서 나는 그에게 더욱 매달렸고 그는 그럴수록 나를 더욱 밀어냈다. 그의 가장 큰 문제는 자신에 대한 심각한 콤플렉스였다. 다른 사람과 관계를 맺는 것을 두려워한 이유도 역시 자신은 결혼에 한 번 실패하고 새로운 사랑을 시작하기에는 스스로 조건이 안 된다고 생각했기 때문이었다. 오빠는 충분히 그 자체만으로도 멋있다고 말하는 내 말은 이 세상을 노련하게 겪어 본 그에게 아무런 위로도 되어주지 못했다. 그는 끝내 나를 밀어냈고 신기하게도 처음 만났던 그날처럼 비가 추적추적 내리는 안개 낀 날, 사표를 내고 나를 떠났다.

누군가와 관계를 맺을 때 콤플렉스의 목줄을 당긴 채 몽상구름에서 떨어져 지상으로 추락하고자 하는 사람들을 많이 봤다. 자신의 머릿속에 분명한 이상이 존재하지만, 수많은 잣대로 사람을 재고 따지는 세상에 비추어 보

몽실몽실 몽상구름
백 번 자살 시도 끝에 살아난 여자의 찬란한 생의 기록

아 자신은 철저히 박탈당한 존재라고 생각한다. 그 역시 그랬다. 나는 몽상구름 위에서 안개 속으로 사라진 그의 뒷모습을 보며 슬픈 생각이 들기보다는 이상한 안도감이 들었다. 도저히 내 손으로는 끝낼 수 없었을 이 관계를 그가 먼저 깔끔하게 선을 긋고 떠났기 때문이었다. 나는 촉촉한 빗물 자욱이 남은 그의 빈 자리를 오래 기억했다. 건너 들은 바에 의하면 그는 자신의 어머니를 모시고 서울의 회사 생활을 접고서 고향에 내려가 작은 농사일을 한다고 했다. 한때 사랑했던 그가, 자신을 한없이 콤플렉스로 옭아매던 도시의 삶을 청산하고 시골로 내려가 처음부터 다시 시작하기로 했다는 사실에 안도감이 들었다. 그는 그렇게 조용히 매일 아침 푸르른 하늘 아래 농사를 지으며 하늘을 떠다니는 구름을 보며, 예전 몽상구름 위를 떠다니던 우리의 모습을 떠올리겠지. 자신에게 많은 상처와 콤플렉스를 안겨 준 세상과 겨루기보다 타협하고 그만의 몽상구름을 찾아 아름다운 제 길을 떠난 것이라고 믿는다. 안개 속에서 나타나 안개 속으로 사라진 그 남자의 쓸쓸한 모습은, 내 몽상구름 위를 둥둥 떠다니며 소중하

PART 02
콤플렉스라는 목줄을 매고 번지점프하다

게 남아 있을 것이다. 쉽게 떠나보낼 수 없는 미련한 아픔인 동시에 나를 행복하게 해 주었던 애틋한 추억이므로.

PART 03

헤픈 여자로 **가면을 쓰며** 산다는 것은

PART 03
헤픈 여자로 가면을 쓰며 산다는 것은

해맑은 가면 뒤에서 비참해지는 나

너는 벗어 둔 정장을 다시 차려입고 택시비로 쓰라는 의미로 오만 원짜리 지폐 한 장만 두고선 모텔을 떠났다. 침대 옆자리를 데우던 너의 따스한 온기는 사라진 지 오래였다. 나에게 아침 인사나 입맞춤도 남기지 않은 채 너는 떠나 버렸다. 나는 조금 울컥하는 마음을 애써 억누르며 그 오만 원짜리 지폐를 꼬깃꼬깃 반의반으로 접으며 억지로 웃음을 지었다. 지난밤 뜨거웠던 너와 나의 사랑은 이 오만 원짜리 지폐 한 장에 불과했던 것이니. 애써 어떤 의미 부여도 하지 않기로 했다.

몽실몽실 몽상구름
백 번 자살 시도 끝에 살아난 여자의 찬란한 생의 기록

 아니, 사실 애초부터 알고 있었다. 너에게 진심이란 처음부터 존재하지 않았다는 사실을. 그걸 알면서도 나는 최대한 외면한 채 태연하게 웃었다. 너는 그 당시 내가 삶을 유지하기 위해 필요한 유일한 환영의 구름과도 같았다. 네 품속에 안기면 온기 없는 딱딱한 몸일 뿐이라도 내 마음은 착각 속에서 알량한 위로를 받을 수 있었다. 나는 해맑은 표정의 가면을 쓴 채 당신의 손길을 허락했고 기꺼이 나를 내어주기를 아까워하지 않았다. 그걸 나는 당신을 향한 사랑이고, 사랑이란 희생이라고 생각했다. 우울증의 절벽 끝에서 나를 붙잡아 준 네가 내 곁에 남아 있어 준다는 사실만으로도 고마웠다. 나는 내가 만들어 낸 해맑은 가면을 벗는 것을 끔찍하게 두려워했다.

 내가 만든 가면은 온갖 추잡한 허영과 더러운 변명으로 얼룩진, 초라한 생의 얇은 막 하나에 불과했다. 진짜를 외면하고 싶어서 그 얇은 막을 사이에 두고서 온 힘을 다해 항변을 하고 있었다. 나에게 지금 이 가면 하나의 외피가 절실하다고 몸부림치며 얇은 막 너머로 번지고 곪아

PART 03
헤픈 여자로 가면을 쓰며 산다는 것은

가는 상처를 주체하지 못한 채 시들시들 병들어 가고 있었다. 어릴 때부터 내가 나다운 모습을 솔직하게 드러내면 낼수록 세상과 필시 마찰을 낳았고 그럴수록 위축되는 자신을 느꼈다. 나다운 모습으로 살면 정신적으로든 육체적으로든 가혹한 고통을 겪어야 하는 아픔 속에서 필사적으로 살고자 했다.

모든 것을 외면하며 홀로 존재하는 불완전한 고독을 선언하기에는 내 삶의 내실은 너무 나약했다. 그런 아픔의 반복 가운데 나는 도망칠 수 있는 상상의 구름을 생각했다. 하지만 나의 상상의 재료는 너무 남루했다. 삶의 구석에서조차 독립적으로 서지도 못하고 아득한 외로움으로만 진저리 치던 나는 어떻게 해서든 살아 보고 싶었다. 그래서 억지로 웃으면서 너를 포함한 모든 사람을 향해 불편한 가면을 쓰고 다녔다.

사람의 기질이라는 것은 굉장히 중요하고 그것을 스스로 안다는 것 또한 굉장히 중요하다. 그 기질을 스스로

몽실몽실 몽상구름
백 번 자살 시도 끝에 살아난 여자의 찬란한 생의 기록

잘 안다는 것은 나만의 몽상구름을 아름답게 만들기 위한 전초 작업이며, 이건 허황된 게 아니다. 몽상구름은 온전히 나로 존재해도 괜찮은 것들로 나를 가득 채워, 나의 독립성을 뚜렷하게 만드는 최적의 도피처이다. 인간이라면 저마다 도피처가 하나씩 필요하다. 온갖 잡음과 방해의 말들이 넘쳐 나는 세상에 나를 격리하고, 누군가에게 온 마음을 바치고, 그렇게 사라지는 자신을 느끼게 된다면 자존감은 존재했는지조차 모를 정도로 퇴색된다. 나의 기질을 잘 파악하는 것은 이 세상 어느 의사나 현인도 해 줄 수 없는 것이다. 내가 나라는 모순투성이 몸뚱어리를 이리저리 부딪혀 가면서 세계의 벽을 느끼고 체감하며 얻은 순수한 감각이 나의 기질이다. 그런 기질을 통해서 사람은 자신의 실체를 좀 더 뚜렷하게 바라볼 수 있는 투명한 시선을 가질 수 있다. 그렇게 사람은 저마다 홀로 설 수 있는 힘을 가지면서 현실과 유리된 몽실몽실 자신만의 몽상구름을 확보하게 된다.

나도 처음에 독립성을 꿈꾸기에 부족한 점이 많았다.

PART 03
헤픈 여자로 가면을 쓰며 산다는 것은

내가 세상에 부딪힐 때 스스로도 왜 이런 반응을 보이는지 이해할 수 없었다. 점차 내 생리적 반응과 인지 체계에 극심한 괴리를 겪게 되고 그 몸서리쳐지는 간극의 사이, 나는 말 그대로 세상의 외톨이로 남았다. 심지어 나 자신조차도 알아주지 않는 외톨이. 그런 와중에 살아가기는 해야 하기에 필사적으로 가면을 쓰고 세상과 나 사이에 위태로운 막을 두었다. 불투명하게만 느껴지는 세상은 내게 감옥 같았다. 우울장애가 가면증후군으로 번지게 되는 순간, 그 사람은 자아 분열의 증세를 보이게 된다. 나의 시선이 세상을 향할수록 진짜 나로부터 멀어지게 된다. 그런 순간, 이 커다란 세상 속에서 나 혼자 갇힌 것만 같은 광장공포증과 대인기피증에 시달리게 된다. 그러면서 우울장애는 단순히 병명 하나로만 일축할 수 없을 정도로 상당히 다층적인 겹을 가진다. 나는 나의 가면 뒤에서 지독하게 외롭고 두려웠다. 도저히 이대로 살아갈 수 없었다. 내 몸은 더 정직했다. 숨을 제대로 쉴 수가 없었다. 정신과 선생님의 말에 의하면 지나친 정신적 압박으로 인한 과호흡이라고 했다.

몽실몽실 몽상구름
백 번 자살 시도 끝에 살아난 여자의 찬란한 생의 기록

    이런 위태로운 상황에 누구든 나를 툭 건드리는 순간 정말 죽어 버릴 것 같다는 공포감에 시달렸다. 나는 살기 위해 친절하고 평범한 모습을 꾸미며 내 가면 속에 나를 가둘 수밖에 없었다. 그리고 가식적인 가면을 쓰고서 점점 더 세상을 비관하기에 바쁠 뿐이었다. 사람이란 어느 누구든 간사한 면을 가지고 있는지라 아득바득 생존하기 위해서라면 끝없는 자기합리화의 과정을 거쳐야 한다. 세상의 모순에 맞추어 나의 모순을 더 뒤틀리도록 내버려 두거나, 아니면 세상의 모순으로부터 한없이 거리를 두는 것이다. 가면을 쓰고 세상과 관계를 맺는 방식은 결국 어떤 식으로든 사람의 본래 지닌 속성을 지우고 죽은 것이나 다름없는 외로움을 낳게 된다. 그런 얕은수를 써서라도 발버둥 쳐야만 그나마 인지부조화의 고통 없이 위태로운 일체감과 안정된 소속감을 느낄 수 있다. 사실 그렇게 착각하는 것이다.

    나는 그 가면 뒤에서 한없이 헤픈 여자로 허허실실 웃다가 집에 가선 외로움과 우울증에 몸부림쳤다. 나의 콤

PART 03
헤픈 여자로 가면을 쓰며 산다는 것은

플렉스가 조금이라도 들추어질까 봐 끔찍하게 두려웠다. 나약한 내 모습이 그대로 노출되는 것이 걱정되었다. 가면을 앞세워 저들의 말에 끝없이 박장대소해 주며 즐거워해 주었다. 우아하고 고고한 백조인 척 위선을 떨고 잘난 척은 다 하고 다녔다. 그러면서 이상하게 말이 꼬였다. 게다가 나 자신을 감추느라 거짓말을 하게 되는 지경까지 이르렀고 그것은 또다시 내 가슴에 죄책감이란 큰 상처를 낳았다. 남들에게 분리되어 외로워지는 순간을 상상하기가 힘들었다. 이 세상 어디에도 의지할 곳은 없었고 그럴 때마다 나를 뒤흔드는 사이비 종교 전도사들의 손에 잡히기 쉬웠다. 나는 어떻게 해서든 이 세상으로부터 달아나 내가 안전할 수 있는 지대로 달아나야 했다.

이것 먼저 확실하게 알아주었으면 좋겠다. 스스로 인식하는 나보다, 나라는 존재는 분명 아주 큰 존재일 거란 사실이다. 아프고 슬픈 기억이 나를 불안하게 한다면 그 자체로 받아들이되 그것을 보다 창의적으로 변주하고 확장하자. 그 지독한 불안을 그대로 떠안기보다 점차 나의

몽실몽실 몽상구름
백 번 자살 시도 끝에 살아난 여자의 찬란한 생의 기록

기질이라는 필연적인 운명이나 성격으로 받아들이려 노력하는 것이다. 기질이란 요즘 유행하는 MBTI라는 16가지 분류보다 훨씬 복잡다단하게 세분화되어 있다. 이는 사람을 구별하는 기준이 될 수 있다. 내가 가진 불안이 과연 필연적인 나의 속성과 맞닿아 있는지 파악하려는 노력이 필요하다.

불안과 고통은 나를 보다 정밀하게 이해할 수 있게 해주는 섬세한 단서로 내게 다가온다. 외로움이란 결국 텅 비어서 자기 안을 자신만의 의미로 채울 수 있는 단서를 완전히 상실해 버린 고립된 상태를 말한다. 공허하고 허전한 상태가 사람을 더욱 외롭게 만든다. 그 외로움은 결국 공백이다. 그 공백을 채우기 위해 나만의 의미와 상상을 확보해야 한다. 그런 죽음 같은 공백을 견뎌 내면 사람의 우울은 한없이 바닥을 치게 된다. 그러기 위해 나는 나의 상상으로 세상과 다소 거리를 둔 채 하늘 위 몽실몽실 하얀 몽상구름을 향해 나아간다. 사람은 몽실몽실 몽상구름에 자신의 몸과 마음을 온전히 자유롭게 맡기고 그 위

PART 03
헤픈 여자로 가면을 쓰며 산다는 것은

에서 자신의 아픔을 자신만의 기질로 차츰 이해하게 된다. 아픔이 나를 성장하게 한다는 말은 진부하다. 아픔은 아픔일 뿐이다. 단지 아픔을 주체적으로 수용하면서 세상과 뒤얽힌 그 혼잡함으로부터 철저히 거리를 두는 것이다.

몽실몽실 나만의 몽상구름. 그 몽상구름 위에서 세상을 어느 정도 관조적으로 바라보며 세상의 문법과 내가 꼭 맞춰야 한다는 생각에서 벗어나야 한다. 나는 푹신한 몽상구름 위에서 자유로운 행복을 느낀다. 그 어떤 아픔이 오더라도 나는 이제 내 인지 체계 안에서, 그 아픔이 어떤 의미로 받아들여질 수 있는지 이해하게 된다. 택시비 오만 원만 남겨 두고 하룻밤만 즐긴 채 떠난 그 개새끼 따위는 전화번호 차단하면 그만이다. 그 오만 원을 갖고 비싼 레스토랑에서 화이트 와인을 곁들여 스테이크 한 덩이를 썰어 잘근잘근 씹어 먹겠다. 나도 너를 하룻밤 상대로 생각하고 즐겼을 뿐, 너를 그 의미 이상으로 전혀 생각하지 않는다고 깨끗이 정리하면 된다.

몽실몽실 몽상구름
백 번 자살 시도 끝에 살아난 여자의 찬란한 생의 기록

나는 나만의 몽상구름 위에서 그렇게 내게 벌어진 사건이 기질과 운명처럼 불가피한 것이었다고 가볍게 받아들인다. 그러다 보면 그러려니 하며 적당히 내 것이라 받아들이고 흘려보내는 지혜를 갖게 된다. 가면 따위 내던지고 나의 진실된 감각을 온몸으로 느낄 때 몽상구름 위에서 비로소 자유로워진다.

세상 어떤 것들은 불가피하게 일어날 수밖에 없었던 것이라고 생각한다. 내가 나로 태어났고 나는 그런 나를 결코 포기할 수 없기에 그런 나를 끝까지 지키면서 앞으로 나아가는 것이다. 세상은 애초부터 나와 무관하게 흘러간다는 것을 받아들이면 도리어 편하다. 나는 지상에서 벗어나 하늘의 몽실몽실 몽상구름을 타고 유유히 나아가며 진정한 행복을 느낀다. 그 무한하고 푹신한 구름 속에서 그 누구보다 비교할 수 없는 해방감을 느끼면서 말이다. 그 위에 앉아 화이트 와인 한 잔 곁들이며 조금은 나른하게 취해 보는 것도 아주 멋진 방법이다.

PART 03
헤픈 여자로 가면을 쓰며 산다는 것은

이리 와서 나를 뜯어 먹으세요

헤픈 여자의 가면을 쓰고 사는 여자는 바보라서 그러는 것이 아니다. 끝내 자신의 자존감을 바닥으로 끌어 내려서 내 상처를 용인할 수 있는 범위를 크게 넓히는 것이다. 자존심은 내가 정한 자존감의 기준에 따라 나의 존재에 가해지는 충격을 유연하게 받아들이는 탄력성을 의미한다. 자존감의 기준이 적정 수준으로 높아야만 상처로부터 나를 보호할 수 있다. 이를 회복 탄력성이라고도 부르는데 어떤 상처가 나를 괴롭히더라도 적당히 튕겨 내거나 품어 낼 수 있는, 푹신푹신한 몽상구름의 재료라고 할 수 있겠다. 그렇다고 해서 자존감이 지나치게 높으면 앞가림을 제대로 못 하고 헤매는 수가 있으니 그걸 감안해서 자존감의 문턱을 적당히 유지하는 것이 중요하다.

자존감이 적당히 높은 사람은 자신의 자존심을 크게 내세우지 않으며 상처받지 않을 만큼 회복 탄력성을 유연하게 유지한다. 자존감이 낮은 사람은 자존심이 세든 안 세든 회복 탄력성이 낮아서 무슨 타격이 오든지 간에 흔들리고 죽고 싶은 충동마저 느낀다. 자존감이 낮은데 자존심은 센 경우, 우리가 흔히 말하는 추한 진상의 모습으로 나타난다. 실제로 수많은 범죄자가 자존감은 바닥을 치는데 자존심은 하늘을 찌르는 탓에 피해의식과 과대망상이 커져서 상대에게 해를 입힌다. 그렇기에 자존감과 자존심은 적당히 높아야 좋다.

세상 그 누구도 알아주지 않고 비련한 존재가 바로 자존감도 자존심도 낮은 경우일 것이다. 자존감이 낮다 보니까 어떤 말이든 민감하게 받아들이는데, 자존심도 낮아서 다른 이의 말을 겸손하게 받아들이는 걸 넘어서 자신

PART 03
헤픈 여자로 가면을 쓰며 산다는 것은

을 바닥으로 끌어 내린다. 그런 상태의 사람의 구름은 구멍이 숭숭 나서 무엇이든 쉽게 꿰뚫고 지나갈 것만 같이 존재감이 한없이 흐리다. 구름도 아니고 안개 같은 존재가 되어 내가 사라질 것 같은 두려움에 처하게 되고 우울장애가 그 상태에서 더욱 심각해지면 내가 이 세상에 존재하는 게 민폐처럼 느껴지기까지 한다. 내가 없으면 이 세상은 완벽하게 돌아갈 것 같은데 내가 세상의 거대한 쓰레기로 남아 있는 것 같은 괴상망측한 망상에 쉽게 사로잡힌다. 겪지 않은 사람은 절대 이해할 수 없다. 항상 자살 충동에 사로잡혀 가만히 있어도 온몸이 갈기갈기 찢기는 것 같다. 그렇지만 아무리 생각해도 자살은 아닌 것 같아서, 낮은 자존감이지만 어떤 자극이 와도 다치지 않도록 방어하고자 가면을 쓴다. 그렇게 나는 세상 앞에 한없이 비굴한 존재가 되고 만다. 제발 부탁이니 나를 조금도 자극 주지 말라는 의미로 나는 마주하는 상대를 향해 어설픈 친절과 무리한 호의를 베푼다.

하지만 어떻게 세상이 내게 주는 타격 앞에 굽신거리

몽실몽실 몽상구름
백 번 자살 시도 끝에 살아난 여자의 찬란한 생의 기록

기만 하며 희생만 할 수 있겠는가. 상처를 입기 전에 내가 상황을 똑똑하게 걸러 내고 인지할 수 있어야 한다. 안 그러면 헤픈 사람으로 나를 위장하려고 애쓰게 되는데 그것은 곧 모든 말에 일일이 상처받기 쉬운 자신을 보호하려고 하는 몸부림이다. 결코 당신이 착해서 그런 병신 짓을 하는 것이 아니다. 헤픈 사람으로 가면을 쓰고 여기저기 과한 친절 노동을 베풀다 보면 에너지를 필요 이상으로 심하게 소모하게 되고 결국 탈진하고 만다. 사람들은 당신을 속 좋은 사람으로 보기보다 오히려 갖고 놀기 좋은 호구로 취급할 뿐이다. 억울하다. 나는 최대한 어떻게 해서든 살아 보려고 애썼을 뿐인데. 그래서 착하다 못해 헤프게 굽신거린 건데 반응은 오히려 더욱 싸늘하다니. 나는 만인을 위한 서비스 직원이나 다름없었던 것인가.

헤픈 모습으로 자신을 치장하는 건 당신의 속이 얼마나 텅 비어 있고 파먹기 쉬운 존재인지 보여 주는 셈이나 다름없다. 그러므로 헤픈 모습을 한 당신의 가면 따위는 당장 벗어던지기를 바란다. 그런 가면을 쓰다 보면 그 가

PART 03
헤픈 여자로 가면을 쓰며 산다는 것은

면이 진짜 자신인 것처럼 착각하게 되는 순간이 있는데, 그 순간을 틈타 온갖 부정적인 생각이 나를 잠식하고 이러한 생각이 반복되다 보면 결국 자살로까지 이어지게 된다.

> What a million filaments.
> The peanut-crunching crowd
> Shoves in to see
>
> Them unwrap me hand and foot-
> The big strip tease.
> Gentlemen, ladies
>
> These are my hands.
> My knees.
> I may be skin and bone,
>
> Sylvia Plath, 「Lady Lazarus」
>
> 세상에 혈관이 백만 개나 된다니.
> 땅콩을 씹어 대는 군중들은 비집고 들어와서
>
> 내 손과 발이 풀리는 걸 구경하죠.
> 참 대단한 스트립쇼네요.

몽실몽실 몽상구름
백 번 자살 시도 끝에 살아난 여자의 찬란한 생의 기록

> 신사, 숙녀 여러분,
>
> 여기 내 손들이 있고 무릎이 있답니다.
> 나는 어쩌면 피부이고 뼈일지도 모릅니다.
>
> 실비아 플라스, 「라자로 여인」 중

    천재적인 시인의 재능을 가졌음에도 불구하고 불행한 결혼 생활에 문단으로부터 능력을 인정받지 못해, 수많은 자살기도 끝에 어느 날 아이들이 먹을 음식을 준비해 놓고 오븐에 몸을 처박은 채 결국 30살의 나이에 가스 중독으로 죽어 버린, 실비아 플라스라는 전설적인 영미 시인을 아는 사람이 많을 것이다. 나 역시 우울장애에 심각하게 시달렸던 시절 그녀의 전설적인 이야기에 동화되어 시집과 두꺼운 일기를 읽으며 깊이 젖어 들기도 했다. 그녀의 대표작 중 「라자로 여인」을 읽어 보면, 사람들에게 자신의 몸을 드러내며 절규하듯 호소하는 장면이 그려진다. 이리 와서 보세요. 땅콩을 씹어 먹으면서 즐겁게 나의 불

PART 03
헤픈 여자로 가면을 쓰며 산다는 것은

행을 관람하고 내 괴로움을 즐기는 당신, 그런 당신들을 위해 준비한 나의 화려한 불행 전시회를 어디 한번 재밌게 보시죠. 당신을 위해서 기꺼이 이 한 몸 홀딱 다 벗고 멋진 구경거리로 전락해 주죠. 나에게 남은 건 아무것도 없고 그저 불행이 이리저리 뜯어먹고 가 버린 텅 빈 이 빈약한 몸뚱어리만 남았을 뿐이에요. 흠. 나의 스트립쇼가 재밌나요? 가녀린 피부와 앙상한 뼈만 남은 불행의 잔재를 구경하는 당신들 앞에서 재밌는 구경거리로나마 남은 나는 삶에서 더 잃을 것이 없답니다.

    나는 시를 읽으면서 그녀의 심정을 파헤치고만 느낌에 사로잡혀 몸이 떨리기도 했다. 그렇게 자신을 한없이 벗어 내고 내어주는 일에 거리낌 없다는 건 사실상 그 사람의 자존감이 얼만큼 위태로운지 보여 주는 일이기도 하다. 실비아 플라스는 아마 그녀 자신의 죽음을 암시하는 시를 써 내려가면서 최소한의 자존심을 부지했던 것으로 보인다.

몽실몽실 몽상구름
백 번 자살 시도 끝에 살아난 여자의 찬란한 생의 기록

'내가 죽어 가는 꼴을 보니까 재밌냐 이 새끼들아?'

세상을 향한 한없는 적대감을 드러내면서도 안으로는 바닥에 주저앉은 자존감을 힘겹게 쥐어 가며 죽음을 준비하던 그녀는, 그렇게 전설로 남게 되었다. 그런 실비아 플라스의 시를 읽으며 내 자신이 실제로 자살을 생각했던 순간을 많이 떠올리기도 했다.

그녀는 어쩌면 헤픈 여자로 산다는 것의 비극을 너무 잘 알고 있던 것인지도 모르겠다. 세상을 향해 온 힘을 다해 자신을 발가벗기며 드러내도 아무런 인정을 받지 못하고 남는 것은 껍데기에 불과한 앙상한 육신일 뿐이었다. 그것을 깨달았을 때 그녀는 돌이킬 수 없는 선으로까지 넘어간 자신의 고통을 확인하고 추락하게 된 것이다. 그녀의 시에는 마지막까지 그 뛰어난 시적 재능을 삶의 희망으로 부여잡으면서 버텨 보려고 한 흔적이 보인다. 버림받은 주부이자 실패한 시인의 삶으로 자신을 규정하기보다 재능 있는 문인이라는 희망적인 자아로 스스로 도

PART 03
헤픈 여자로 가면을 쓰며 산다는 것은

약하기에는 그녀를 둘러싼 사회의 한계도 있었을 것이다. 지금보다 훨씬 여성의 삶에 불리한 점이 많았던 시기기도 했으니 말이다.

    헤픈 여자로 세상 앞에서 한없이 비굴하게 굴어 봤자 알아봐 주는 사람은 아무도 없다. 나를 지키는 건 오로지 나밖에 없고 내 마음이 우선 단단해져야만 한다. 그 마음을 굳게 지키기 위해서 나는 헤픈 사람이 아니라 자존감을 탄탄하게 세워 놓고서 자존심이라는 녀석으로 적당히 회복 탄력성을 확보해야 한다. 일단 세상에서 어떤 자극도 받지 않을 수 있는 지대로 나를 피신하고 좀 더 나에 대해서 집중 탐구해 볼 필요가 있다. 나에 대한 최고의 진단을 내릴 수 있는 사람은 정신과 의사도 아니고 오로지 나일 뿐이다. 그리고 가능하다면 많은 예술 작품을 보고 느끼면서 자신의 가슴속 숨겨 둔 여린 속살을 잘 어루만져 보기를 바란다. 그런 속살을 잘 문질러 가며 내가 어떤 것에 취약한지 인지하는 것부터 시작해야 한다. 그런 후에야 내 약점을 보완할 상상의 자원을 확보할 수 있다.

몽실몽실 몽상구름
백 번 자살 시도 끝에 살아난 여자의 찬란한 생의 기록

    그렇게 상상을 키워 가고 자신을 소중하게 지키면서 나를 변호할 수 있는 완충재를 몽실몽실 몽상구름에 채우도록 해 보자. 자존감을 높이는 방법은 결국 불확실한 나의 상황을 객관적으로 바라보며, 내가 가진 가치에 더욱 집중하는 것이다. 내 가치의 의미를 확대하되 그것의 중심은 어디까지나 나 자신이다. 가족도 애인도 친구도 아니다. 어떠한 변수도 작용하지 않는 나만의 중심을 갖고 나는 세상 하나밖에 없는 사람이라는 명징한 인식을 내면화시키는 것이다. 실비아 플라스의 일기에는 남편을 향한 증오와 동시에 어린 자식들을 사랑하면서도 결국 자신의 인생에 걸림돌이 된다는 사실에 대한 한탄 어린 심정도 함께 담겨 있다. 그 시절 여자의 인생으로서는 다른 여지를 떠올리기 힘들었을 것이다. 그런 그녀가 달아난 몽상구름은 결국 시를 짓는 일이었지만 그것은 그녀가 자신의 고통을 반복적으로 들여다보며 안개에 갇히도록 했다.

    이러한 사연의 천재 여성 시인의 시들을 되짚으면서 아이러니하게도 나는 위로를 받는다. 나만의 몽상구름 위

PART 03
헤픈 여자로 가면을 쓰며 산다는 것은

에 나를 온전히 맡기며 내가 잊고 있던 작은 감각 하나하나를 소중하게 여기겠노라 다짐한다. 내가 사랑할 수 있는 나만의 상상으로 채워진 몽상구름 위에서 고유한 나를 지켜 낼 힘이야말로 나를 살게 하는 원천이다.

몽실몽실 몽상구름
백 번 자살 시도 끝에 살아난 여자의 찬란한 생의 기록

가면이 나인지 내가 가면인지 모르겠어

가면이라는 건 어쩌면 나를 멋져 보이게 하기 위한 근사한 변명일지도 모른다. 사회 속에서 내 중심을 스스로 잡지 못하겠으니까, 타인들이 치켜세우는 기준에 나를 맞추려는 노력의 일환일지도. 언젠가 빌런들이라 불리는 이들에게 나를 맞추기 위해 굽신거리며 자존심을 접었던 적도 있었다. 군중 속에서 외로움을 택한다는 것은 상당히 과감한 정신적 단련이 필요한 일이다. 나 자신이 어떤 성향의 사람인지 파악하는 것도 굉장히 중요한 일이었다.

내가 정처없이 떠도는 가운데 마주한 수많은 인간들

PART 03
헤픈 여자로 가면을 쓰며 산다는 것은

은 마치 『오즈의 마법사(The Wizard of Oz)』 속의 캐릭터들과 같았다. 정신분석학적으로 보자면 사람은 타인에게 나의 결핍을 투영하여 확대하여 본다고 한다. 자신의 뿌리를 찾지 못한 채 땅에 박혀 있는 허수아비는 현재 갈피를 못 잡고 현실과 꿈 사이를 방황하는 사람의 모습, 겁쟁이 사자는 겉으로는 위엄 있는 척, 세 보이는 척 다 하고 있지만 속은 사실 물렁물렁 여려서 무엇이든 쉽게 결단하지 못하는 사람, 심장이 없는 깡통 로봇은 그런 사회 속에서 진짜 가슴 뛰는 일이 무엇인지 잊어버리고 방황하는 인간의 모습이다. 대부분의 사람은 바보가 아닌 이상 100퍼센트의 행복과 사랑만으로 충만한 채 살아가지 않는다. 저마다 긍정적인 기운을 가슴 가득 채우고 살아가는 듯 보이지만 한편으로는 한쪽으로 허물어지는 가운데, 두려움을 감추고 사는 경우가 많다. 자신의 자존감이 희미해지면서 저도 모르게 차오르는 슬픔을 외면하면, 그 슬픔 속에 서서히 잠식되고 만다. 그 슬픔과 약점에게 저마다 개성적인 이름을 붙여 주는 것이 중요하다. 문학 심리 치료에서 "명명(Naming)"을 괜히 중요시 여기는 것

몽실몽실 몽상구름
백 번 자살 시도 끝에 살아난 여자의 찬란한 생의 기록

이 아니다. 이는 슬픔과 약점에 저마다의 정당성을 부여해 주는 것이다. 실패를 '실패'라는 평범한 어감 자체로 받아들이기보다 '삶의 단련 과정'으로 인식하는 것처럼.

세상의 예기치 못한 모든 일들에 하나하나 의미를 부여하고 인생이라는 전차의 서사 안에 어떤 의미로 자리 잡는지 또렷이 인식하는 것이 중요하다. 사르트르의 『존재와 무(L'Être et le néant)』에 의하면 '무(없음)'라는 것은 존재를 이해하게 해 주는 데 필요한 조건이 되고, 그 조건으로 인해 존재의 가치는 더욱 빛난다. 나의 결핍 하나하나를 이해하는 과정을 통해 그것을 하나의 결함(Lack)으로 보는 것이 아니라 내가 필연적으로 안고 가야 하는 특성이라고 생각하는 것이다. 뿌리 없는 허수아비, 겁쟁이 사자, 심장이 없는 깡통 로봇 모두 마찬가지로, 모두 다 우리가 저마다 삐걱거리면서 고장 나 있는, 부족한 상태를 보여 주고 있다. 세상이 "너라면 이렇게 행동해야 해"라고 가하는 압박에 익숙해지다 보면 나는 주체성이나 자율성을 상실한 채 그 두꺼운 가면을 더욱 단단히 쓰

PART 03
헤픈 여자로 가면을 쓰며 산다는 것은

게 된다.

도리스 레싱의 「19호실로 가다(To Room Nineteen)」라는 작품을 보면,

> But now there was a room, and she could go there when she asked, she used it seldom: she felt even more caged there than in her bedroom.
>
> 그러나 현재 거기에는 방 하나가 있었고, 그녀가 원하면 그곳에 갈 수 있었고 그녀는 그곳을 아주 가끔 이용했다. 왜냐하면 그녀는 그녀의 방 안보다 그곳에서 더욱 갇혀 있는 기분을 느꼈기 때문이다.

결혼 후 여자를 압박하는 인생은, 사랑으로 전부 극복할 수 있으리라 믿은 것과 달리 여자를 잔인하게 극도의 외로움 속으로 밀어넣는다. 그녀는 그녀를 전혀 이해해주지 못하는 삶 속에서 고통스럽게 버둥거리다가 현실로

몽실몽실 몽상구름
백 번 자살 시도 끝에 살아난 여자의 찬란한 생의 기록

부터 도피하고자 19호실을 선택한다. 하지만 물리적 공간이 바뀐다고 해서 그녀를 지배하는 상처와 결핍은 채워지지 않고 외려 그녀를 지배할 뿐이다. 물리적인 공간의 문제가 아니다. 이런 상황에서 그녀를 살게 하는 것은 현실에서 최대한 달아난 자신만의 상상 영역, 몽실몽실 몽상구름. 그곳이 될 것이다.

살아 있음을 체감하는 자유의 공간은 단순한 도피가 아닌, 완전한 해방이어야 한다. 그런 해방감이 있어야만 세상과 나를 분리하여 생각할 수 있고, 삶이 묵살당하지 않는다고 깨달으며, 그동안 나를 괴롭혔던 생각들이 천천히 사라지는 것을 느낄 수 있다. 나를 살게 할 무언가가 어떤 모습으로 존재하는지 생각해야 한다. 이는 나라는 존재에 어떤 방식으로 새로운 이름을 붙일 수 있는가에 대한 고찰로 이어진다. 작품 속 첫 줄은 이렇게 시작한다.

PART 03
헤픈 여자로 가면을 쓰며 산다는 것은

> This is a story, I suppose, about a failure in intelligence: the Rawlings' marriage was grounded in intelligence.
>
> 예상컨대 이것은 지성의 실패에 대한 이야기이다. 바로 롤링네의 결혼이 지성을 바탕으로 하고 있었기 때문이다.

결혼의 실패와 더불어 숱한 인생의 역경을 겪어 온 도리스 레싱이라는 작가는 이미 삶의 본질을 이 한 문장에서부터 꿰뚫고 있었던 것으로 보인다. 사랑이라는 이름으로 뜨겁게 달아올라 한 결혼이 아름답게 이어지지 않으리라는 사실과, 이상적인 가치가 반드시 정석과 일대일로 대응하듯 통하는 것도 아니라는 불가사의한 사실을 말이다. 모호한 경계의 지대 위에서 불확실성과 공식의 처참한 실패가 삶의 본질이라는 것이다.

가면을 쓰고 한 가족과 사회 속의 구성원으로서 제 모습을 다하려고 하는 것도 마찬가지다. 사실상 불확실한

몽실몽실 몽상구름
백 번 자살 시도 끝에 살아난 여자의 찬란한 생의 기록

삶 속에서 일종의 도식화된 틀로서 자신의 모습을 갖추려는 것과 같다. 삶에는 사회적 법과 제도에 의한 일정하게 지속되어 온 대략의 패턴이 있기에 공식 자체가 무의미하다고 할 수 없다. 하지만 궁극적으로 인간을 살게 하는 것은 그런 법칙에서 벗어나 내가 어떤 존재로 확장할 수 있는가에 대한 자문이다. '결혼'이라는 제도가 여자에게 가하는 사회적 시선과 제약은 그녀의 존재감을 제한하고 그 이상으로 자신의 가능성을 상상하지 못하게 막는다. 그런 그녀의 존재감은 지상의 공기로는 전혀 구원받을 수 없다. 그녀가 달려간 '19호실'이라는 공간도 단순히 물리적으로 분리된 공간이었을 뿐 그녀 자신을 그 이상으로 살도록 하는 힘으로 작용하지는 못한다. 결혼을 하든 말든 인간의 자유지만 결국 비관적인 결론으로 내리자면 인간은 결국 혼자라는 사실이다. 자신이 혼자일 때 자유로운 상상의 폭을 넓혀야 한다. 그렇지 않으면 결국 자멸하는 길로 스스로를 부추길 수밖에 없다.

물론 사회화된 인간으로 살면서 나의 전부를 다 드러

PART 03
헤픈 여자로 가면을 쓰며 산다는 것은

내기보다 적절히 자신의 존재를 감추는 수단으로써 가면은 필요하다. 하지만 그 가면을 썼을 때의 자신이 자신의 전부라고 생각해서는 안 된다. 가장 좋은 것은 가면을 쓰지 않고도 편안한 것이다. 하지만 그것만으로 힘든 것이 현실이다. 인간은 가면으로 적당히 세상과 밀당하면서 모든 것을 보여 주지 않고 살짝살짝 드러내는 매력적인 사람으로 거듭나야 한다. 도리스 레싱이 말하는 인간의 삶은 최선을 다해 사회의 요구에 자신을 맞추려고 발버둥치는 행위 자체가 부질없다는 것일지도 모른다. 한 명의 여성이자 이민계 외국인이자 여성 문인으로서 수없이 억압받은 것도 모자라서 연이은 결혼 생활의 실패와 가난으로 순탄치 않은 삶을 살았던 그녀의 말에서 뼈가 느껴지는 이유가 있다. 그녀가 부딪혀 온 삶의 순간마다 그때 마주해야 했던 좌절과 고통은 그녀에게 가면을 쓰지 않으면 안 되도록 했을 것이다. 그러나 그런 가면은 어디까지나 딱딱하고 인위적인 형식에 불과할 뿐이다. 타르처럼 진득하게 흐르는 애환이 서로 엉키고 섞여 들어가는 삶의 복잡성에는 맞지 않다. 「19호실로 가다」 속 주인공이 결국

몽실몽실 몽상구름
백 번 자살 시도 끝에 살아난 여자의 찬란한 생의 기록

'19호실'이라는 물리적 공간을 넘어 죽음으로 나아가는 것은 어쩌면 그 여자가 자신의 삶에서 상상할 수 있던 최선의 도피처가 그곳이라고 생각해서일지도 모른다.

    삶은, 그리고 인간은, 수학 공식처럼 딱딱 맞아떨어지지 않는다. 그에 대응해서 수동적으로 가면을 쓰고 살아가는 게 정답이 아니다. 삶으로부터 적당히 내어줄 건 내어 주고 맞춰 주되 한편으로는 감출 수 있는 건 감추는 게 미덕이다. 삶은 절대 호락호락하지 않다. 당신이 그보다 큰 존재가 되어야만 한다. 그러기 위해서는 삶을 바라보는 자신의 시선을 명확히 하고 나를 이루는 삶의 요소에게 의미를 부여해야 한다. 삶이 가하는 억압으로부터 벗어나기 위해서는 내 삶을 사랑하되 가끔씩 가뿐히 날아올라 쉴 수 있는 푹신한 몽상구름이 필요하다. 어떤 압박으로 숨 막혀도 자신만의 안전지대로 날아가 온전히 나를 살게 하는 요소들로 가득 차 슬픔에 질식되지 않도록 도와주는 상상 속 자유지대를 만드는 것이다. 삶과 적당히 밀당을 해야 호락호락하게 당하지 않으면서 얼마든지 내 가능성을 확장할 수 있는 주관을 키울 수 있다. 드넓은 자

PART 03
헤픈 여자로 가면을 쓰며 산다는 것은

유의 지대 가운데 세상과 나의 관계를 재정립하고 내가 가진 것에 더욱 집중해서 삶을 관조하는 여유를 확보해야 한다. 그런 자유 속에서 인간은 삶의 억압으로 인해 긴장된 자신에게서 벗어나 가능성을 마주할 수 있다.

몽실몽실 몽상구름
백 번 자살 시도 끝에 살아난 여자의 찬란한 생의 기록

가면을 쓴 채 입을 맞추다

처음부터 당신을 사랑하지 않았던 것 같았다. 간절하게 붙잡고 매달렸던 이유는, 그 당시 심각하게 앓고 있던 우울장애 때문에 불안을 달랠 길이 없었기 때문이다. 당신을 동아줄처럼 붙잡고 사랑에 빠진 사람이라는 거짓된 가면을 쓴 채 당신을 붙잡았다. 하지만 당신은 나의 사랑을 진짜라고 생각했던 것 같다. 시간이 지날수록 나에 대해 깊이 알아 가려고 했고, 사랑한다는 말을 수시로 하며 아무런 전율이 느껴지지 않는 입맞춤을 반복했다.

당신이 주는 넉넉한 품은 푹신한 허상의 구름처럼 느

PART 03
헤픈 여자로 가면을 쓰며 산다는 것은

꺼졌다. 그 안을 파고들며 나는 당신의 온기를 몰래 내 것으로 훔쳐 갔다. 가면을 쓴 채 사랑하지도 않는 사람에게 입을 맞추고 서로의 몸을 더듬는 행위가 아무렇지도 않은 내 자신이 과연 정상인가 싶을 정도였다. 당신이란 남자는 참 무모할 정도로 과감한 사람이었다. 나와의 미래, 결혼과 아이까지 생각하고 있었던 것 같았다. 나는 조금씩 무서워지기 시작했다. 사랑이라는 가면을 쓴 채 당신을 기만한 사실에 커다란 죄책감을 느껴 그 자리에서 도망치고 싶어졌다.

나는 이대로는 안 되겠다 싶어서 일방적으로 이별 통보를 했다. 갑작스러운 일이었다. 당신은 하늘이 무너져 내리는 듯한 표정을 지으며 도대체 이 여자가 갑자기 왜 이러는지 고민에 빠진 눈빛으로 나를 노려보았다. 나는 솔직하게 말했다. 오빠를 사랑하는 척을 하고 있었고, 그냥 외로워서 만난 것일 뿐 오빠와의 스킨십이 설레지도, 행복하지도 않다고. 그러자 당신은 배신감에 휩싸였다. 충격에 빠진 표정은 곧 증오로 변해, 나를 금방이라도 죽

몽실몽실 몽상구름
백 번 자살 시도 끝에 살아난 여자의 찬란한 생의 기록

일 것 같았다. 그래도 싸다고 생각했다. 똑똑한 줄 알았더니 멍청하고 헤픈 년이었구나, 이 쌍년아.

당신이 나에게 쏟아 낸 비수 같은 말은 나의 무딘 심장을 꿰뚫지 못하고 그저 부서진 막대기가 되어 바닥을 데굴데굴 굴렀다. 사랑하지 않는 사람을 사랑하는 것처럼 위장하는 일은, 솔직하게 고백하자면 내 연애 서사에서 숱하게 반복되던 일이었다. 내 안의 채워지지 않는 결핍을 나를 부드럽게 껴안고 입을 맞추는 행위로 채웠다. 나는 그 남자들의 품에서 "내가 아직 죽지 않았다"는 사실을 감각했다. 그렇게 헤픈 여자로 2년을 흘려보내고 나니 가슴 속의 헛헛함이 심해졌다. 치기 어린 20대 시절, 그런 남자들을 이용해서 몸을 대가로 그들의 온기를 몰래 훔쳐 오며 위안을 삼았던 나는 스스로가 얼마나 헤픈 여자로 타락하고 있는지 모르고 있었다.

특히 진짜 '사랑'에 빠지면 가슴이 쓰리고 고통스럽다는 것을 겪은 후, 그런 소모를 피하면서 온기만을 갈취하

PART 03
헤픈 여자로 가면을 쓰며 산다는 것은

고 싶어 더더욱 그런 가면을 썼다. 비겁한 행동이었다. 그들이 진심을 다해 나에게 내어주었던 사랑 역시 얼마만큼 진실된 것인지 모른다. 다만 나는 그들의 손에 쉽게 놀아나기 쉬운 헤픈 여자로 머무르면서 위안을 얻었다. 그러나 내가 사랑이라 속이고 그들을 유혹하는 그 순간, 그들과 자신을 기만한 찰나의 시간. 평온은 취할 수 있어도 그 외의 모든 것이 폐허였다. 나는 더더욱 내 자신을 타인이 함부로 하도록 방임했고, 남의 손에 놀아난 뒤 비틀거리며 집으로 돌아오면 또다시 그곳의 적막한 외로움에 갇혔다. 우울장애 약을 수천 번 입안에 털어 넣었음에도 목으로 전혀 넘어가지 않았다. 괴로움에 흐느끼며 간신히 숨을 쉬곤 했다. 나는 그제야 가면을 벗고 상처로 얼룩진 자신을 가만히 눕혔다. 그제야 가슴이 조금씩 욱신거리며 울음이 터져 나올 것 같았다. 또 자살 충동에 시달렸다.

그래, 맞아. 나 헤프고 못됐어. 그런 생각에 파고들다 보니 나는 끝없는 지옥의 바닥으로 추락하는 듯했다. 스스로를 위로하기 위한 알량한 행동이 쌓이니 점차 죄책감

몽실몽실 몽상구름
백 번 자살 시도 끝에 살아난 여자의 찬란한 생의 기록

이 커졌다. 내가 나 자신을 아끼는 방법을 잊어버리기 시작했다. 가면을 쓴 채 마주하는 거짓된 감각이 아니라, 나의 온전한 감정을 순수히 분리해서 바라보는 힘이 사라졌다. 거짓된 사랑으로 비겁하게 도피해서 거짓말로 사랑한다고 말하고 거짓으로 입을 맞추며, 나를 감싸안던 그 남자들에게 나는 그저 쓰다가 내다 버릴 인형에 불과하지 않나 싶다. 내가 나를 그런 사람이라 속이며, 약점과 콤플렉스를 감출 구름을 붙잡고 한없이 추락했다. 솔직히 여러 남자 품에서 사랑을 확인받고자 애걸복걸하며 달라붙어 애교를 부리다, 어느 순간 혼자 뒤돌아서 정을 떼던 그때의 나는 충분히 못됐다. 그러나 그 당시에는 누군가를 붙잡아 그 거짓된 사랑 아래서 가면을 쓰고 연기를 하는 게 자살 충동을 외면할 유일한 방법이었다.

이 글을 쓰는 지금도 진심을 다하고 있지만, 사실 죽고 싶은 마음을 없애기 위한 방법 같은 건 솔직히 없다. 정신의학적으로 도움을 받아 호르몬을 조정해서 충동을 억누르는 인위적인 방법도 있다. 하지만 정도 이상의 심

PART 03
헤픈 여자로 가면을 쓰며 산다는 것은

한 우울장애로 자살 충동이 심각해진다면, 하루아침에 어둠 속으로 영원히 사라져 버리기를 바라는 심정에 시달린다면, 이미 선을 넘어섰다고 볼 수 있다. 그런 위태로운 상태에서는 발을 잘못 디디는 순간, 말 그대로 우울의 늪으로 추락해 한없이 나 자신을 파괴하고 싶은 충동에 시달리게 된다. 사람은 모난 구석이 많아서 살고자 하는 욕망이 강할수록 죽음으로 돌진하여 나를 해치고 파멸에 이르고 싶다는 충동에 강하게 사로잡히기도 한다. 그런 충동이란 정신분석에 의하면 정돈된 삶이 주는 권태와 부조리를 참지 못해 일어난 자연스러운 반발력으로, 삶을 향한 일종의 강력한 저항이며 더 간절히 살아 보고자 하는 욕구이기도 하다.

나는 나를 값싼 사람으로 몰아세우며 쓰레기가 되기를 자처했던 것인지도 모른다. 사랑 없는 메마른 감정은 내가 얼마나 한심하고 가벼운 사람인지 확인하는 증거이기도 했다. 욕을 시원하게 듣고 난 뒤 집으로 돌아가는 길, 나는 육교에서 떨어지고 싶은 마음을 억누른 채 집에

몽실몽실 몽상구름
백 번 자살 시도 끝에 살아난 여자의 찬란한 생의 기록

왔다. 무뎌진 감각을 일깨우고자 몽상구름 속에서 쓸쓸히 나를 보듬으며 가면을 벗었다. 있는 그대로의 나를 드러내기를 두려워하지 않기로 다짐하며, 나는 홀로 서 있어도 슬퍼하지 않기 위해 부단히 애썼다. 열심히 글을 쓰고 몽상구름에 두둥실 실려 가면서.

내가 생각했던 나의 아픔을 똑바로 바라보고 바라보았다. 그것이 내게 아무런 상처나 흠집도 주지 않다는 걸 인지할 만큼 충분한 시간 동안 꿰뚫어 보았다. 그 시간 동안 끝없는 자살 충동과 마주해야 했지만 독하게 견뎌 그 아픔에 이름을 붙였다. 그 아픔이 내 삶에 적용되기에 적합하다고 정당성을 부여했다. 그렇게 아픔을 포용하다 보면 그 고통이 내 살의 일부처럼 느껴지기도 한다. 오히려 지금 나를 살아 있게 해 주는 요인처럼 생각하고 새로운 감각으로 뻗어 나가 나의 한계를 넓히게 된다. 그러면서 나의 몽상구름은 더욱 풍성해지고, 나는 그 안에서 적당히 나를 지킬 수 있는 방법을 찾게 된다. 나를 위해서 나는 어느 정도 냉정하고 이기적일 필요가 있다. 나의 감각

PART 03
헤픈 여자로 가면을 쓰며 산다는 것은

을 최대한 해방시켜야 그 범주 안에서 기어코 자유로울 수 있기 때문이다.

가끔 거짓으로 입 맞추었던 그 남자들의 얼굴이 떠오른다. 그럴 때마다 그들에게 진심으로 사죄하기도 하지만 한편으로는 그들에게서 뺏은 온기만큼이나 그들이 나를 통해 채웠던 달콤함을 생각하며 나름 공정한 거래였다고 합리화한다.

PART 04

사랑, **결핍과 욕망** 사이의 애매한 정의

PART 04
사랑, 결핍과 욕망 사이의 애매한 정의

너의 피와 살을 쪽쪽 빨아 먹고 싶어

 영화 「본즈 앤 올(Bones and All)」에는 사람을 잡아먹는 사람이 등장한다. 우수 어린 눈빛과 준수한 외모로 애절한 사랑 연기의 대명사로 불리며 할리우드에 이름을 날리던 티모시 샬라메는 그 영화 속에서 사람의 인육과 피를 먹지 않으면 목숨을 연명할 수 없는 운명을 타고난 존재로 등장한다. 그런데 그 모습마저 얼마나 처연해 보이던지. 이 소년과 동행하는 연인은 인간의 살육을 뜯어먹고 피를 쪽쪽 빨아 먹지 않으면 살 수 없다.

 저주처럼 타고난 운명은 소년을 옥죄고, 이 길이 아니

몽실몽실 몽상구름
백 번 자살 시도 끝에 살아난 여자의 찬란한 생의 기록

라면 살 방법이 없기에 예견된 비극 속에서 다른 선택의 방도는 없다. 사람을 한 명 선택해서 죽이고 잡아먹어야만 하는데, 가련한 동병상련 속에서 두 소년, 소녀는 함께 도주한다. 그들에게 적대적인 세상으로부터 달아나서, 손을 꼭 잡은 두 사람은 서로를 지켜 주겠노라고 간절히 다짐하며 기필코 그런 식인의 본능을 억누른 채 정상인으로 살기를 희망한다. 그러나 운명은 어김없이 그들에게 잔인하고 불리하다. 결국 영화 말미에 불가피한 상황을 마주한 한쪽은 식인의 본능을 꺾지 못하고 연인에게 애절하게 말한다. 사랑하니까 나를 흔적 하나 남기지 않고 잘근잘근 씹어 먹어 달라고.

나는 그 연인의 애절한 마지막 부탁이 매우 흥미롭다. 이 세상에 아무도 인정해 주지 않는, 아니 오히려 증오하기에 충분한 이유가 될 만큼 끔찍한 현실로부터 도피한 막다른 길목에서 자신을 확인하는 방법이란 오로지 '너'라는, 자신의 또 다른 분신 같은 존재이다. 너로 인해 '나'는 나의 존재를 확인하게 되고 더 이상 외롭지 않다. 그런

PART 04
사랑, 결핍과 욕망 사이의 애매한 정의

너는 사랑할 수밖에 없고, 너란 존재는 나의 세계를 가득 채워 주기에 충분한 존재다.

   그의 사랑은 단순히 살인을 저지르면 안 된다는 통념을 넘어서, 세상으로부터 완전히 배척당한 이 운명의 처참한 끝을 마주해야 할 때마다 자신을 붙잡아 주는 생명줄과도 같았을 것이다. 주체할 수 없는 저주받은 운명의 굴레 속에 자신의 육신마저 뜯어먹지 않으면 살아갈 수 없는 고통에 몸부림칠 때 마주한 동병상련의 연인은 사랑이라는 말로 담기에는 넘치는 무언가이다. 나 역시 어쩌면 사랑은, 사랑이라는 말로는 설명하기 어려운, 커다란 감정이라 생각한 적이 많았다. 사랑을 고백하는 순간 말에서 느껴지는 애절한 다짐보다, 복잡한 삶 속에서 마주한 한 줄기 빛 같은 너는 어느 순간 대체 불가능한 대상이다.

   이 세상에 그런 상대가 한 명이라도 있으면 나는 그에게 절박하게 된다. 그 사람에게 끔찍한 이력이 있든 무서

몽실몽실 몽상구름
백 번 자살 시도 끝에 살아난 여자의 찬란한 생의 기록

운 특징이 있든 상관없다. 인간의 삶은 법의 테두리로 가두기에 너무 광범위하고 복잡하며, 결핍은 숨 막힐 정도로 촘촘하게 인간을 지배한다. 어떤 결핍은 삶 전체를 지배할 정도로 절대적이다.

결핍은 나의 과거와 미래는 물론, 숨 쉬며 살아가는 현재까지 끊임없이 구속하려 들고 그는 필사적으로 도망치기 위해 도피처를 찾게 된다. 그렇게 맞닿은 너라는 나의 분신은 삶의 어디에서도 찾아볼 수 없었던, 숨 쉴 구멍이 되어 내 현실을 가득 채우게 된다. 때론 작은 결핍이 삶을 잠식하여 현실로부터 나를 끊임없이 끌어 내린다.

절실히 붙잡은 너라는 존재는 내가 세상을 끝까지 살아가게 해 주는 일말의 이유가 된다. 물론 사랑의 이유엔 수만 가지가 있다. 하지만 사람은 철저히 자신의 결핍을 채우기 위해, 그런 이기심으로 상대를 동아줄처럼 붙잡기도 한다. 사랑이 상대를 향한 호르몬의 끌림 이상으로 강력하게 작용되는 철학적인 이유 역시 결핍일 것이다. 상

PART 04
사랑, 결핍과 욕망 사이의 애매한 정의

대에게 깊이 헌신하고 싶은 마음이 강해질수록 상대는 삶의 필수적 존재로 자리 잡은 것이다. 상대가 내 삶에 불가피한 존재가 되면, 그는 나의 뻥 뚫린 구멍을 메우기 위한 보충재가 된다. 그런 탓에 "자신이 온전한 독립적 인격체로 자리 잡지 않으면 그 누구도 제대로 사랑할 수 없다"는 통설이 존재하는 것이다.

누구나 독립적 인격체로서 상대 없이도 되는, 쿨한 사랑을 할 수 있다면 얼마나 좋을까. 그렇다면 셰익스피어가 사랑에 관한 수많은 소네트를 절절하게 쏟아 내는 일은 없었을 것이다. 사랑에는 저마다 다른 결핍을 느끼고, 그 부분을 서로로 절실히 채우고자 우리는 사랑 앞에서 더욱 절박해진다. 나 역시 그랬다. 나라는 존재로는 한없이 모자라고 부족해서, 헤픈 여자처럼 내 감정을 따지지 않고 남자들 품에 나를 쉽게 내던졌던 것 같다. 그들 품에서 자족감을 얻을 수는 없어도, 적어도 물을 뿌리듯 자존감이 생기를 얻는 기분을 받기는 했으니 말이다. 그 남자가 자신의 고통스러운 내면을 조금이라도 보이면 나는 어

몽실몽실 몽상구름
백 번 자살 시도 끝에 살아난 여자의 찬란한 생의 기록

쩔 수 없이 흘러넘치는 모성애를 주체하지 못하고 그 남자의 부족함을 채워 주기 위해 애썼다. 그 안에서 나는 그와 개 같은 세상으로부터 아름다운 사랑의 도주를 한 듯한 상상에 빠지게 된다. 그의 꿈결 같은 속삭임과 사랑의 도주 끝에 다다른 몽실몽실 몽상구름 속에서 우리는 사랑이라는 이름으로 잠시간 행복했던 것 같다.

당신 없으면 못 살 것 같다고, 사랑한다고 끊임없이 말했고 그 사랑에 절박하게 매달렸다. 그 감정의 의미가 커지다 보면 삶을 잠식하다 못해 어느 순간부터는 삶 이상의 것이 되기도 한다. 거대해진 사랑 앞에는 필연적으로 더 절실한 쪽과 덜 절실한 쪽이 있기 마련이다. 우리만의 아름다운 몽상구름은 허상에 지나지 않는 것이 되어 버리고 우리의 사랑을 더욱 견고하게 해 주었던 결핍의 무게는 결코 그와 동등하지 않았다. 한쪽으로 치우지고 만 결핍의 무게는 그 사랑의 크기를 더 많이 감당해야 하는 한쪽을 존재하게 만들 뿐이다. 불공정한 결핍만큼이나 서로를 욕망했던 마음도 점차 한쪽의 상실감을 더해

PART 04
사랑, 결핍과 욕망 사이의 애매한 정의

갈 수밖에 없는 것이 사랑의 잔인한 순리이기도 하다. 사랑을 뜨겁게 유지해 주는 것은 상대를 향한 무한한 호의와 행복이기도 하다. 한편, 그 이상으로 사랑을 더욱 애절하게 이어 주는 것은 한 사람의 세계를 휘젓는 결핍과 욕망이기도 하다. 그런 지점이 사랑의 불균형을 낳는다.

영화 「본즈 앤 올」의 마지막에서는, 결국 한 사람이 자신의 육신을 남김없이 먹어 달라고 한다. 그 대사가 의미심장하게 들린 것은 사랑의 뼈아픈 본질이 담겨 있기 때문이다. 그 두 사람에게 있어 세상은 상대뿐이다. 내 존재의 흔적이 무의미하지 않도록 당신이 나를 촘촘히 뜯어 먹어 달라는 부탁. 나를 잊지 않고 기억해 주기를 바라는 애절한 부탁은 사랑을 넘은 부탁이다. 동병상련의 당신 안에서만큼은 생생한 영육으로 당신과 같은 삶의 현재성 위에 존재하고 싶다는 이기적인 욕망이다. 당신이 나를 먹는 행위는 당신 안에 내가 속함으로 영원히 하나가 되기를 갈망하는 욕망이다. 결국 죽음의 끝자락에서 사랑하는 사람에게 속하고 싶다는 마음보다는 생에 대한 미련을 의미하는 게 아닐까. 결국 사랑이라는 이름으로 연인의 존재 속 생의 욕망을 내보이며 세상 속에 존재감을 이어 가고 싶다는 애처로운 몸부림이 아니었을까.

PART 04
사랑, 결핍과 욕망 사이의 애매한 정의

슬픈 그대의 눈동자가 아른거려서

　나를 미치게 하는 건 차가운 밤공기 속에서 쓸쓸하게 담배를 피우며 속을 태우고 있는 당신의 뒷모습이었다. 허탈한 미소로 이 모든 게 나를 위한 거라며 이별을 말하던 당신에게 나는 속절없이 무너져 옷자락을 붙잡고 매달렸다. 당신은 어쩌면 내가 당신을 놓아주지 못하리라는 것을 이미 다 알고 접근한 것인지도 몰랐다. 그 후 나는 슬프고 고독한 한 남자의 이미지를 떠올릴 때면, 미련 없이 나를 놓아주겠노라고 말하던 당신의 나직하면서 굵은 목소리를 떠올렸다. 모든 조건을 따졌을 때 당신을 놓아주는 것이 합리적이라는 판단이 드는데도, 당신의 슬픈

몽실몽실 몽상구름
백 번 자살 시도 끝에 살아난 여자의 찬란한 생의 기록

눈동자가 아른거릴 때면 속으로 울고 또 울었다. 극도로 이기적인 나의 모순된 감정 탓인지 당신을 놓아주려고 할수록 나는 당신을 놓을 수 없다는 생각에 매몰되었다. 세상으로부터 인정받지 못하고 체념 끝에 삶을 정리해 나가는 당신의 어른스러움은 열패감보다 훨씬 애처로운 감정이었고, 보호 본능을 일으켰다. 나는 초라한 조명 아래 늘어진 당신의 그림자 안에 머물며 당신의 슬픔에 중독되었다. 나는 이미 심각한 우울장애 환자였고, 이 남자의 곁이라면 죽고 싶은 마음도 이해받을 수 있으리라는 생각에 감사했다.

셰익스피어는 『로미오와 줄리엣(Romeo and Juliet)』에서 "Parting is such sweet sorrow.(헤어짐은 달콤한 슬픔이죠.)"라는 대사를 남겼다. 헤어질 듯 말 듯 그 인연이 타들어 가는 중에 끝자락에 서 있는 애절한 두 사람의 사랑은 누가 봐도 비극이다. 하지만 셰익스피어는 어쩌면 알고 있었던 것인지도 모른다. 서로를 미워해서 헤어지는 것이 아니라 어쩔 수 없는 이유로 끝까지 서로의 옷깃

PART 04
사랑, 결핍과 욕망 사이의 애매한 정의

을 놓아주지 못하는 애절한 사랑이란, 사실은 서로 알면서 속아 주는 이별 게임이라는 것을 말이다. 애틋하고 낭만적인 마지막 순간 속에서 당신의 흔들리는 슬픈 눈동자를 보며 나는 속으로 말한다. 당신을 여전히 사랑하고 있다고. 어쩌면 헤어지기로 결심한 순간, 이전보다 지금 더 애타게 당신을 갈망하고 있는 것 같다고. 슬픈 숙명을 떠안고 있는 사랑일수록 나의 우울을 고조시키면서 동시에 삶을 극적으로 만든다. 나른하고 몽환적인 사랑의 꿈속에 빠져 푹신한 몽상구름에 기대고 있노라면 현실의 고통스러운 감각을 잠시나마 잊을 수 있다.

에밀리 브론테의 유명한 소설 『폭풍의 언덕(Wuthering Heights)』은 고등학생 시절 때 처음 읽었다. 이후 대학에서 영문학을 전공하고, 여러 번의 사랑을 겪으면서 재독하게 되었는데 읽을수록 새롭다. 복잡하게 얽히고 꼬이는 사랑과 대를 잇는 슬픈 인연은 시간을 거듭하면 거듭할수록 새롭게 이해된다. 사랑은 그 자체로 숭고한 순결의 집합체로 생각되는 경향이 있지만 사실 사랑 안에는 서로를

몽실몽실 몽상구름
백 번 자살 시도 끝에 살아난 여자의 찬란한 생의 기록

재고 따지는 이기적인 속성이 순수한 마음 자체보다 복잡한 배반의 가시로 숨겨져 있다는 것을, 우리는 점차 안다. 입양해서 기르게 된 자식인 히스클리프의 거칠고 야생마적인 면모가 가지런히 안정된 느낌을 주는 린턴을 향한 사랑보다 더욱 격정적으로 느껴진다. 위태로운 사랑일수록 더욱 뜨겁게 달아올라서 사랑이라는 분해 불가능한 불순물 덩어리 자체를 더욱 복잡하게 만든다.

> My love for Linton is like the foliage in the woods: time will change it, I'm well aware, as winter changes the trees. My love for Heathcliff resembles the eternal rocks beneath: a source of little visible delight, but necessary. Nelly, I am Healthcliff! He's always, always in my mind: not as a pleasure, any more than I am always a pleasure to myself, but as my own being.
>
> 린턴을 향한 나의 사랑은 숲속의 나뭇잎과 같아. 시간은 그 나뭇잎을 바꾸어 놓겠지. 겨울이 그 나무를 바꾸게 될 것이고 나는 그 사실을 잘 알고 있어. 히스클리프를 향한 나의

PART 04
사랑, 결핍과 욕망 사이의 애매한 정의

> 사랑은 밑에 숨겨 둔 영원한 돌과 닮아 있어. 잘 두드러지지 않는 기쁨의 속성을 지녔지만 꼭 필요한 그런 것 말이야. 넬리, 나는 히스클리프야! 그는 언제나, 언제나 나의 마음속에 있어. 단순히 행복으로서만이 아니라 내 자신에게 언제나 행복으로 남는 것 이상으로, 그냥 나 자신으로 말이야.

    거칠고 쓸쓸한 면모를 지닌 히스클리프의 모습은 안온한 대저택의 딸인 캐서린에게 마치 자석의 N극과 S극처럼 전혀 다른 미지의 설렘이었을 것이다. 황량한 폭풍의 언덕 위 대저택의 분위기를 한층 고조시켜 주는 슬픔마저 어쩌면 그곳에서 더 오래 산 주인보다 히스클리프에게 어울리는 느낌이다. 그런 히스클리프를 향한 캐서린의 사랑은 이루어지기 쉽지 않다. 캐서린이 느끼는 감정은 자신에게 닥칠 고난을 알기에 더욱 애타게 끌리는 생의 자극일 것이다. 캐서린과 같이 감수성 풍부하고 낭만적인 여자는(나 같은 여자라고나 할까) 히스클리프의 슬픈 눈동자에 이끌려 기꺼이 안정된 삶을 포기하고서 그를 위해 희생한다는 위험한 선택을 원한다. 내가 아니라면 이 세

몽실몽실 몽상구름
백 번 자살 시도 끝에 살아난 여자의 찬란한 생의 기록

상 누구도 당신의 슬픈 눈동자를 지켜 줄 수 없다는 나르시시즘적 착각은 내가 가진 우울을 고양시키고, 그건 곧 나만의 특출난 존재감이 된다. 비틀거리는 슬픈 환영 속에서 잡은 그대의 불안은 어쩐지 내 삶을 더욱 뜨겁게 해주는 화염으로 작용한다.

어떻게 보면 세상 가장 멍청해 보이면서 그만의 이유로 완고한 그런 사랑. 그 격정의 선택 가운데서 사랑을 선택하지 않으면 죽기라도 하는 것처럼, 기꺼이 화염 속으로 기어들어 가는 사랑. 우울과 미련의 끝에서 그들은 비합리적이게도 우울을 누그러뜨릴 방법보다 우울을 더욱 격정적으로 지필 수 있는 어리석은 선택을 한다. 그렇게 함으로써 자신의 쓰라린 사랑의 실패에 더욱 강한 의미를 부여하여 희미한 자존심을 세운다. 이렇게 나는 사랑의 고통을 겪어 낸 여자라고 착각에 빠져 그 허망한 몽상구름 위에 웅크린 채 더욱 그 슬픔의 달콤한 역설 안으로 이입한다. 우울은 모나고 고집스러운 면모를 가지고 있어서 자기 파멸을 향한 집요한 몰입이 되어 자신을 추동하

PART 04
사랑, 결핍과 욕망 사이의 애매한 정의

게 하는 힘을 갖고 있다. 무미건조한 삶에 드라마를 꿈꾸는 나 같은 어리석은 낭만파는 그런 슬픈 눈동자의 남자에게 속절없이 나를 내어주는 선택을 한다. 그리고 후회조차 자기변명으로 무마한다. 그로 인해 나는 최소한 그 순간만은 행복했노라고. 설령 착각일지라도 말이다. 어떤 자책의 흔적도 남기지 않은 채 내 삶을 한때 풍요롭게 해 주었던 아픈 상흔을 떠안고 피 흘리며 서서히 죽어 가고 싶다면 철없는 줄리엣의 마음이 되는 것일까.

내가 세상에서 가장 사랑하는 영화「라스베이거스를 떠나며(Leaving Las Vegas)」에서 알콜중독자인 벤을 사랑하게 된 매춘부 세라는 끝까지 그를 놓아주지 못한다. 화려함이 넘쳐흐르는 도시, 그렇기에 더더욱 홀로 거닐기에 쓸쓸한 라스베이거스의 배경을 두고 휘청이며 이곳저곳 몸을 파는 세라에게 사실상 죽기 위해 라스베이거스에 온 벤의 위태로운 모습은 한없이 가련하다. 그녀는 몸과 마음을 전부 벤에게 내어준다. 끝내 알코올중독의 절정을 달리며 곧 죽을 것 같은 그를 붙잡고 세라는 어렵게

몽실몽실 몽상구름
백 번 자살 시도 끝에 살아난 여자의 찬란한 생의 기록

말한다. "I want you to see a doctor.(당신이 진찰 한 번만 받아 봤으면 좋겠다.)" 그러자 벤은 그런 세라의 마음도 모르고, 세상 모두가 나에게 술 마시지 말라고 하다가 떠났는데 당신도 이제 나를 견디기 힘든 것 같으니 당신도 이제 떠나라고 한다. 그러자 그 앞에서 세라는 허탈하기 짝이 없는 웃음을 지은 채 울먹이며 말한다. 떠나지 말라고. "That's the one thing you can do for me.(그게 당신이 나한테 해 줄 수 있는 유일한 일이에요.)"

나는 이 장면을 수만 번 곱씹으며 세라의 감정에 동화되어 많이 울었던 것 같다. 내 삶에 필요한 요소가 필멸을 향해 달려가고 있을 때 찾아오는 허탈함이란, 나를 괴롭게 한다. 삶을 구성하는 그 무엇도 영원하지 않다. 각별할수록 끝이 있기 마련이고, 그런 인연의 마지막을 바라본다는 것은 더없이 슬프다. 세상의 모든 것은 언젠가 죽게 되어 있다. 그 끝을 조금 더 유예하고 미련하게 붙들고 싶은 마음은 그 사람이 결코 바보이기 때문이 아니다. 재가 되어 사라지기 쉬운 삶의 속성 앞에 나약하게나마 항

PART 04
사랑, 결핍과 욕망 사이의 애매한 정의

거하며 필멸을 품은 삶의 슬픔을 온전히 체득하려는 이는 슬픔에 중독되기 쉽다. 슬픔이 주는 달콤함은 나를 한없이 아프게 한다. 그러나 그 슬픔에 머무르며 천천히 곱씹는 건, 내 수명을 단축해서라도 막막한 삶을 무의미로부터 건져 올리려는 지극히 인간적이면서 어리석은 인간 본연의 모습이지 않을까. 나만의 우울한 몽상구름은 상실에 대한 슬픔으로 몽실몽실 채워진 채 난 내가 거쳐 온 아픔이 헛되지 않음을 되새긴다. 그 사랑과 아픔이 있었기에 나는 지금 이 몽실몽실 몽상구름 위에서 도리어 내 삶의 소중함을 더욱 절실하게 느낄 수 있노라고 회고한다. 적당히 축축한 물기를 머금은 슬픔으로 메마른 심장을 때때로 적셔 가면서.

몽실몽실 몽상구름
백 번 자살 시도 끝에 살아난 여자의 찬란한 생의 기록

다신 내 삶을 사랑이란 말로 가둬두진 마

　대학 시절, 나는 음치인 주제에 술을 마시면 청파동 코인노래방을 찾아 웃는지 우는지 모르는 표정으로 엄정화의 노래를 불렀다. 나의 18번 곡은 어김없이 디스코 여왕님의 히트곡 「배반의 장미」였다. 노래를 부르며 나를 쉽게 여겼던 그들에 대한 애증의 한을 풀었다. 미러볼이 빙글빙글 돌아가고 나는 무아지경에 빠진다. 나를 갖고 실컷 놀고서 나라는 여자는 너무 심각하고 우울해서 받아주기 힘들다고 무책임하게 달아난 그들을 과녁으로 삼아 화살을 내리꽂았다. "상처를 받은 나의 맘 모른 채 넌 웃고 있니 후회하게 될 거야~" 온몸에 가시를 돋운 핏빛 장

PART 04
사랑, 결핍과 욕망 사이의 애매한 정의

미로 피어올라 에코 빵빵한 노래방이 설움으로 넘쳐 날 때까지, 실연의 눈물이 가실 때까지 온몸을 흔들어 댔다.

　감수성과잉장애에다가 우울장애까지. 정신병 더블 콤보에 시달리던 철없는 영문학도 시절. 리얼리즘 영문학 전공 수업을 듣고 제인 오스틴의 『오만과 편견 (Pride and Prejudice)』을 읽으며 달시의 오만함을 보면서 내가 화살을 내리꽂은 그 얼굴들을 떠올렸다. 자신이 능력이 우월하다고 생각하면서, 사회에서 꿀릴 게 없다고 생각하는 남자들은 여자에게 우월감을 과시할 수 있다는 이상한 오만함을 갖고 있었다. 사회가 남성에게 부여하는 명예와 지위란 그들 사이에서 자신의 절대적 우위를 정당화하는 지표이다. 그들만의 헤게모니(Hegemony) 안에서 그것은 기본적으로 남성적 자아로서 자의식을 강화하고 차별적 인식 체계를 더욱 공고하게 만든다. 그들이 서로를 재고 따지며 획득한 사회적 자본으로 그들은 남성성을 과시하고 싶어 하고, 그런 태도는 여자에게도 이어져 사랑이라는 이름 아래 소유욕을 내보이는 것으로 나타난다. 열

몽실몽실 몽상구름
백 번 자살 시도 끝에 살아난 여자의 찬란한 생의 기록

등감에 휩싸인 남자조차 수컷 사회에서 인정받지 못한 설욕을 여자관계로까지 이을 수 없다는 강박에 시달렸다. 세상 제일 찌질한 남자가 사회적으로 인정받지 못하면서 여자에게 사랑을 빌미로 착취하는 놈이다. 여성 착취남 거세법이라도 입법부에 통과시켜야 하나?

> It is a truth universally acknowledged, that a single man in possession of a good fortune, must be in want of a wife.
>
> 상당한 재산을 가지고 있는 독신 남성이라면 아내를 원하는 것은 보편적으로 잘 알려진 진실이다.

처음 무도회장에서 마주칠 때부터 엘리자베스를 향해 다가가는 달시는 제인 오스틴이 『오만과 편견』 첫 문장으로 박아 넣은 당대의 진실을 너무도 당연하게 답습하고 있는 남자의 모습이다. 여자라면 돈과 명예가 있는 남자를 만나서 결혼하는 게 신분 상승하는 유일한 방법이지

PART 04
사랑, 결핍과 욕망 사이의 애매한 정의

않겠냐는 인식은 그 시기 남녀 모두에게 잠재되어 있는 보편적 진리였다. 오만한 남자를 향해 주체적인 자신의 사랑과 결혼에 대한 주관을 내세우는 엘리자베스 앞에서 달시는 움찔하지만 그녀는 당당하게 주장을 굽히지 않는다. 엘리자베스는 달시를 비롯한 당대 영국 사회의 부유층 남성을 향해 굽히지 않고 자신의 가치관을 내세운다. 그리고 달시의 사랑에 편견을 품게 된다. 이는 점차 서로에 대한 인식의 와해로 이어지게 된다. 고위층 남성에게 은연중 주입하는 가치관은 똑 부러진 엘리자베스의 완고한 입장에 의해 무너지게 되고 자신의 편견을 고쳐 가게 된다. 진정한 사랑이란 사회가 어떤 오만과 편견을 개인에게 주입하더라도 그 둘만의 숭고한 감정, 그 자체에 집중하는 것이다. 그리고 자신의 당당한 관점을 꺾지 않고 주체적 사랑을 쟁취한 엘리자베스의 용기만큼이나 그런 여성에게 더욱 매력을 느끼고 편견을 깨부수고 기꺼이 허물을 벗은 달시의 성숙한 변화도 얼마나 놀라운가!

하지만 그건 어디까지나 지금보다 더욱 폐쇄적이었던

몽실몽실 몽상구름
백 번 자살 시도 끝에 살아난 여자의 찬란한 생의 기록

당대 영국 사회의 답답한 현실 속에서 판타지 같은 로맨스 소설을 제인 오스틴이 만들어 낸 것일 뿐! 그런 현실은 현재 21세기 한국에서도 쉽지 않은 것 같다. 특히나 모든 것이 명예와 지위, 부와 같은 사회적 자본으로 치환되는 자본주의 사회 속에서 개별적 자본의 축적만이 그 사람을 평가하는 척도로 자리매김하게 되는 것이다. 그런 식으로 재고 따지는 잔인한 자본주의 법칙에 따르면 남녀 불문하고 사랑 없이 저마다의 오만과 편견을 잔뜩 품은 채 서로 경계하는 태세가 만연한 것이 현실이다. 나같이 자존심이건 편견이건 나발이건 상관없이 사랑에 굶주려 헤프게 바닥을 기고 마는 여자들은 이런 숨 막히는 공기 속에 이리 치이고 저리 치이며 한껏 이용당하다 내팽개쳐지고 마는 것이다. 엘리자베스처럼 똑 부러지게 자신의 포지션을 알고 능수능란한 처세가 가능한지 잘 따져 봐야 한다. 그렇지 않으면 사랑이라는 따뜻한 온기를 내주는 남자에게 기대어 그의 오만함 속에 나를 넝마처럼 굴리다가 끝내 그들을 향해 날 선 화살을 마구 쏘아 대게 된다.

PART 04
사랑, 결핍과 욕망 사이의 애매한 정의

> There were patches of blue sky showing here and there through the clouds that had met and piled one above the other in the west facing her window. There was something coming to her and she was waiting for it, fearfully. ……it was too subtle and elusive to name. But she felt it, creeping out of the sky, reaching toward her through the sounds, the scents, the color that filled the air.

> 그녀의 창문이 향하는 서쪽 방면으로 구름이 켜켜이 쌓여 푸르른 하늘 조각들이 펼쳐 있었다. 그곳에는 그녀를 향해 밀려드는 무언가가 있었고 그녀는 두려운 마음으로 그것을 기다리고 있었다. 그것은 이름을 붙이기엔 미묘하고도 모호했다. 하지만 그녀는 하늘을 뚫고 기어나온 그것이 공기를 가득 채우고 온갖 소리와 향기, 색깔을 통해 그녀에게 밀려드는 것을 느꼈다.

내가 좋아하는 케이트 쇼팽이란 영국 여성 작가의 「한 시간 동안의 이야기(A Story of an Hour)」라는 단편 소설에 나오는 한 구절이다. 결혼이라는 인위적인 계약, 부유한 남자와의 거짓된 사랑과 구속 가운데 억눌린 현실을

몽실몽실 몽상구름
백 번 자살 시도 끝에 살아난 여자의 찬란한 생의 기록

견디지 못하고 지옥 같은 일상을 영위하던 여자는 남편의 갑작스러운 부고 소식에 순간 사람들 앞에서 펑펑 운다. 방 안으로 들어선 뒤 문을 탁 닫는 순간, 창문 틈새로 쏟아지는 눈부신 파란 하늘이 눈에 들어오기 시작하고, 알 수 없는 기쁨의 감정이 밀물처럼 밀려드는 것을 느낀다. 그러면서 "기쁨 (Joy!)"을 외친다. 하늘의 몽실몽실 자유의 구름이 그녀의 눈에 아름답게 비치고 온 감각을 통해 짜릿한 해방감이 그녀를 아늑한 행복으로 스러지게 만든다. 물론 이야기의 끝은 아이러니하고도 웃기게 끝난다.

여자들이여. 두 사람 모두가 평등한 사랑이란 이름의 아름드리 구름 안에서 행복하게 자유와 해방감을 느낄 수 있다면 얼마나 좋겠는가. 하지만 아직 현실은 여자가 휘어잡기에 쉽지 않다. 실력 있는 여자 선배들이 사회에 나가서 성공하고 결혼까지 했지만 이상하게 결혼 생활을 오래 유지 못하는 경우를 많이 봤다. 직접 만나서 들어본 이야기로는 여전히 남성의 능력이 여성보다 더 높아야 체면이 서고 단란한 가정이 형성된다는 구세대적인 생각이 어

PART 04
사랑, 결핍과 욕망 사이의 애매한 정의

쩔 수 없이 잡혀 있다고 한다. 그래서 남성이 가진 그놈의 체면과 자존심에 어느 정도 맞춰 주지 않으면 가정이 행복하지 않은 경우가 많다. 기가 막히지만 진짜 한국에서 벌어나고 있는 블랙 코미디 같은 상황이다.

다시 한번 말하지만 고정된 인식으로 시작되어 위계적 질서로 굳어진 사랑은 누군가의 희생을 담보로 해야 한다. 그런 희생마저도 사랑이라고 정신 승리하며 잘 사는 여자들도 많이 봤다. 하지만 엘리자베스 같은 주체적인 여성으로 거듭나고 싶다면 세상의 고정 관념으로부터 달아나 자신만의 가치관을 형성할 필요가 있다. 그녀들에게는 사회의 고리타분한 인식에서 벗어나 주체적인 꿈을 만들어 나갈 상상의 여지가 필요하다. 몽실몽실, 편안하고 무한하게 해방될 수 있는 푹신푹신한 그들만의 몽상구름 같은 존재 말이다. 여자의 상상이 편안하게 구축될 수 있도록 아름다운 해방의 지대를 만들어야 한다. 여기서의 몽상이란 허황된 생각이란 뜻이 아니라 자신의 수많은 가능성을 열어 놓는 것이다.

몽실몽실 몽상구름
백 번 자살 시도 끝에 살아난 여자의 찬란한 생의 기록

나의 사랑은 너무 극단적이고 유약하고 자기중심이 잡혀 있지 않았다. 자존감도, 자존심도 박살 난 상태에서 사랑, 그놈에게 살을 비벼서 우울을 달래고, 죽고 싶은 마음까지 가라앉히려는 생각은 어리석었다. 중심이 확실하지 않은 상태에서는 휘청거리기 쉽다. 그런 상태에서 상대에게 몸과 마음을 전부 헌신하겠다면 최악의 상황으로 흘러간다.

죽고 싶더라도 반드시 혼자서 일어나야 한다. 현실이 버겁다면 도망쳐도 좋다. 다만 나의 생각으로 '나'를 단단히 채우는 게 가장 중요하다. 가족과 친구에게 도움을 받는 것도 좋지만, 내가 겪어 본 바, 인간은 삶에 있어서 혹독하게 혼자다. 내가 나를 돌봐야 한다. 악착같이 나를 챙기고 끌어안지 않으면 아무도 내 편이 되어 주지 않는다. 냉철하게 현실을 봐야 한다. 내가 남 시선에 얽매이지 않고 자유로울 수 있도록, 나 자신을 철저히 정당화할 수 있을 만한 자원을 많이 갖고 있어야 한다. 나의 취약한 지점을 파고들어 이용하지 않도록 고독이라는 자기변호 테두

PART 04
사랑, 결핍과 욕망 사이의 애매한 정의

리를 세워 나를 지켜야 한다. 사랑에 기대어 내 존재의 위상을 높여 보겠다는 나약한 생각은 버려야 한다. 특히나 나약한 마음으로 불꽃 같은 사랑에 눈이 먼 그대들이여. 엄정화의 노래를 신나게 부르며 앞으로 한 박자 뒤로 두 박자 스텝을 밟아 보자.

"다 가라, Hey Boys 다신 내 삶을 사랑이란 말로 가둬 두진 마."

몽실몽실 몽상구름
백 번 자살 시도 끝에 살아난 여자의 찬란한 생의 기록

사랑 이상의 사랑을 하였지

> It was many and many a year ago,
> In a kingdom by the sea,
> That a maiden there lived whom you may know
> By the name of Annabel Lee;
> And this maiden she lived with no other thought
> Than to love and be loved by me.
>
> I was a child and she was a child,
> In this kingdom by the sea:
> But we loved with a love that was more than love-
> I and my Annabel Lee;
> With a love that the winged seraphs of heaven
> Coveted her and me.

PART 04
사랑, 결핍과 욕망 사이의 애매한 정의

And this was the reason that, long ago,
In this kingdom by the sea,
A wind blew out of a cloud, whilling
My beautiful annabel Lee;
So that her highborn kinsmen came
And bore her away fro me,
To shut her up in a sepulchre
In this kingdom by the sea.

The angels, not half so happy in heaven,
Went envying her and me -
Yes! - that was the reason (as all men know, In this kingdom by the sea)
That the wind came out of the cloud by night,
Chilling and killing my Annabel Lee.

But our love it was stronger by far than the love
Of those who were older than we-
Of many far wiser than we-
And neither the angels in heaven above,
Nor the demons down under the sea,
Can ever dissever my soul from the soul Of the beautiful Annabel Lee.

For the moon never beams without bringing me dreams

몽실몽실 몽상구름
백 번 자살 시도 끝에 살아난 여자의 찬란한 생의 기록

> Of the beautiful Annabel Lee;
> And the stars never rise but I feel the bright eyes
> Of the beautiful Annabel Lee;
> And so, all the night-tide, I lie down by the side
> Of my darling - my darling - my life and my bride,
> In the sepulchre there by the sea,
> In her tomb by the sounding sea.
>
> Edgar Allan Poe, 「Annabel Lee」

아주 여러 해 전
바닷가 어느 왕국에
당신이 알지 모르는 한 소녀가 살았지.
그녀의 이름은 애너벨 리 -
나를 사랑하고 내 사랑을 받는 일밖엔
그 소녀는 아무런 생각도 없이 살았다네.

바닷가 그 왕국에서는
그녀도 어렸고 나도 어렸지만
나와 나의 애너벨 리는
사랑 이상의 사랑을 하였지.
천상의 날개 달린 천사도
그녀와 나를 부러워할 만한 그런 사랑을.

그것이 이유였어, 오래전,
바닷가 이 왕국에서는

PART 04
사랑, 결핍과 욕망 사이의 애매한 정의

구름으로부터 불어온 바람이
나의 애너벨 리를 싸늘하게 했어.
그래서 그녀의 명문가 친척들은
그녀를 내게서 빼앗아 갔어.
바닷가 왕국
무덤 속에 가두기 위해서.

천상에서도 반쯤밖에 행복하지 못했던
천사들은 그녀와 나를 시기했던 거야.
그래! 그게 바로 이유였지(바닷가 그 왕국 모든 사람들이 알 듯이).
한밤중 구름으로부터 바람이 불어와
그녀를 싸늘하게 하여
나의 애너벨 리를 숨지게 한 것은.

하지만 우리의 사랑은 훨씬 더 강하지
우리보다 나이 많은 사람들의 사랑보다도 –
우리보다 현명한 사람들의 사랑보다도 –
그래서 천상의 천사들도
바다 아래 악마들도
내 영혼을 아름다운 애너벨 리의 영혼으로부터 떼어 내지는 못했지.

달도 내가 아름다운 애너벨 리의 꿈을 꾸지 않노라면 비추지 아니하고
별도 내가 아름다운 애너벨 리의 빛나는 눈을 바라보지 않

몽실몽실 몽상구름
백 번 자살 시도 끝에 살아난 여자의 찬란한 생의 기록

> 으면 떠오르지 않는다네.
> 그래서 나는 밤이 지새도록
> 나의 사랑, 나의 사랑, 나의 생명, 나의 신부 곁에 누워만
> 있다네.
> 바닷가 그곳 그녀의 무덤에서-
> 파도 소리 들리는 바닷가 그녀의 무덤에서-
>
> 에드가 앨런 포, 「애너벨 리」

누군가 나에게 '단 하나의 시를 품고 죽을 수 있다면?' 하고 질문한다면, 고민 끝에 「애너벨 리」를 말할지도 모르겠다. 불행한 어린 시절을 딛고 술로 쓰린 소외감을 달래야만 했던 포는 스물여섯에 열세 살짜리 사촌 버지니아 크렘과 결혼을 했다. 가난과 질병으로 고통받는 아내를 위해서 필사적으로 돈을 벌기 위해 글을 쓰고 여기저기 발로 뛰며 애를 썼지만 몇 년 후 극심한 투병 끝에 아내 버지니아는 죽고 만다. 포는 사랑하는 아내가 죽고 나서 정신 질환에 시달리며 쓰라린 가슴을 안고 폭음으로 죽어 가는 지경에 이르렀다고 했다. 그는 실제로 바닷가

PART 04
사랑, 결핍과 욕망 사이의 애매한 정의

를 전전하며 울부짖고, 무너지고, 억지로 몸을 일으키는 어려움을 겪었다. 그런 그가 죽은 아내를 떠올리며 쓴 시가 바로, 이 「애나벨 리」이다. 이 시를 읽고 그 바닷가가 휘몰아치는 와중 유령처럼 떠나가 버린 여인과 그를 애타게 붙잡고 싶어 하는 한 남자의 모습을 떠올리며 눈물을 흘렸다. 너무 아픈 사랑은 사랑이 아니었다고, 김광석은 그랬던가. 하지만 포는 글을 쓰면서 더욱 악착같이 아픈 그 사랑을 뼈에 새기려고 애썼던 것 같다.

그가 쓰는 어둡고 기괴한 이야기에서 엿보이는 정신이상 요소들을 작가 개인사만 가지고 와 단순히 내면의 어둠이 투영됐다고 해석해 버리면 그 이야기 전체를 이해할 수 없다. 포가 보여 주는 기묘하고도 섬뜩한 이야기는 그가 생각하는 사랑이자 삶이었다. 포에게 있어서 사랑은 공포였고 삶은 생생한 감각으로 전해지는 전율과도 같았던 것이다. 그에게 강렬하게 남은 사랑의 기억은 끝없는 잔상으로 남아 여파를 몰고 온다. 사랑은 가장 원초적인 감정이면서 통각을 예민하게 자극하는 자의식의 본

몽실몽실 몽상구름
백 번 자살 시도 끝에 살아난 여자의 찬란한 생의 기록

질이라고 할 수 있다. 감각은 결국 인간이 자극하고 반응하는 생각 회로와 맞닿아 있기 때문에 사랑의 기억은 사실상 자의식의 총체이다. 프로이트에 따르면 인간의 사랑받고 소외받은 기억의 흉터는 성장할수록 저마다 다르게 내면에 자리 잡는다. 그러나 포는 영원한 어린 왕자였다. 시인은 영원히 여리게 사랑하는 사람이기 때문이다. 그의 자아는 여태껏 이어진 상실한 사랑의 결과로 무너져 폐허였고 침체된 채 바라본 세상이 주는 모든 자극은 공포의 전율로 다가와 그에게 세상이란 비정한 공간이었을 것이다. 무너진 폐허의 공간에서 그려 낸 그의 작품은 하나같이 섬뜩한 분위기를 자아낸다. 그것은 어둠 속에 잠긴 그가 생생히 감각하고자 했던 삶의 전율이라고 볼 수 있다. 어떤 결핍이 사랑을 부추기고 그 사랑의 큰 상처가 벗어날 수 없는 감옥으로 변해 한 사람의 자아를 가두어 놓는다.

내가 포가 남긴 작품 중 「애나벨 리」를 유독 좋아하는 이유는 작품에 담긴 미학성을 떠나 이 시의 글쓰기가 증

PART 04
사랑, 결핍과 욕망 사이의 애매한 정의

상으로서의 글쓰기라는 점 때문이다. 포는 이 작품을 작가로서의 기록으로 남긴 것이 아니라 살기 위해 필연적으로 써야만 했던 것이다. 죽을 만큼 사랑했던 그녀는 모든 것을 바쳐서라도 살려 내고 싶었던 존재이지만 잔인하게도 죽어 버렸다. 먹고 살기 위해 하는 막노동 외에는 고작 글쓰기만을 할 줄 아는 포는 무슨 일이 있더라도 그녀를 살려 내야만 했다. 가장 사랑했던 사람의 상실로 인해 어둠에 갇힌 그는 시 속에서 유령의 존재로라도 그녀를 불러내야만 했다. 그녀의 무참한 죽음은 마치 신의 불공정한 심판 같다. 삶과 죽음이라는 판결 아래 냉혹한 삶이라는 지옥에 남겨진 그는 무(無)의 감옥 속에 그녀를 가두고만 있어서는 안 됐다. 운명이라는 불가해에서 아내를 잃어버린 그는 그대로 그녀를 놓아 버릴 수 없어, 자신의 사랑을 아름다운 서사 시 한 편으로 남긴 것이다. 이 시를 곱씹으며 읽다 보면 가슴이 찢어질 수밖에 없다. 읽으면 읽을수록 이 시를 쓰는 포가 얼마나 절박했을지가 가슴으로 느껴지기 때문이다. 그는 그와 그녀 사이의 애틋한 사랑을 시기한 신이 나타나서 우리 두 사람을 갈라놓은 거

몽실몽실 몽상구름
백 번 자살 시도 끝에 살아난 여자의 찬란한 생의 기록

라 말하며 끝내 자신들의 사랑은 영원히 죽지 않는다고 말한다. 우리는 사랑 이상의 사랑을 한 것이다.

그는 이 아름답고 처절한 시를 쓰며 앞으로 살아간 삶의 위안으로 삼았을 것이다. 그리고 스스로 갇혀 있던 끔찍한 지옥을 딛고 몸을 일으켰을 것이다. 포는 생계뿐만 아니라, 지독한 정신 질환을 앓으며 더더욱 글을 쓸 수밖에 없었다. 누군가는 삶의 의미에 대해 아무런 생각도 하지 않고 세속에 만족하며 넉넉하게 살아갈 수 있을 것이다. 하지만 시인은, 포는, 절대 그럴 수 없다. 시인의 삶이란 운명의 부조리를 온몸으로 겪으며, '인생의 무의미'라는 허무 앞에서 일상의 평범함이라는 모순에 반항하고 항상성을 전복하고자 하는 것일지도 모른다. 그는 '사랑하는 아내의 죽음'이라는 해석할 수 없는 운명의 사건 이후 어떻게 해서든 죽음으로부터 그녀를 구해야만 했다. 그 과정에서 일상에 흔하디흔하게 쓰이는 '사랑'이라는 보편적 단어를 새롭게 재정비하여, 그 이상의 '사랑'으로 확대해야 했다. 그런 노력이 그의 어두운 자의식에서 언어라

PART 04
사랑, 결핍과 욕망 사이의 애매한 정의

는 한계를 벗어나 천상의 '사랑'을 잉태해 냈다. '사랑 이상의 사랑'이 그의 삶의 지주가 되어 그가 버틸 수 있도록 해 주었을 것이다.

PART 05

고독이라는 근사한 변명의 사치 속에서

PART 05
고독이라는 근사한 변명의 사치 속에서

고독의 뼈를 오독오독 씹어 먹으면서

고독이란 실체가 없는 추상 명사이긴 하지만 때론 단단한 뼈가 느껴지기도 한다. 고독은 때로 손으로 감각하고 더듬을 수 있는 형체 있는 실존적 단어가 된다.

화산이 폭발하고 지나간 자리, 마지막 순간 서로를 부둥켜안은 채 죽은 두 사람의 해골이 발견되었다고 한다. 뜨거운 용암에 살이 타들어 가고 있는 중에도 끝까지 서로를 끌어안고 있는 연인의 모습은 가슴을 저릿하게 하기 충분하다. 자주 자살 충동에 시달렸던 시절, 내가 가장 많이 느낀 감정은 외로움을 가장한 고독이었다. 외로움이

몽실몽실 몽상구름
백 번 자살 시도 끝에 살아난 여자의 찬란한 생의 기록

란 타인의 부재에서 느끼는 소외감이고 고독은 철저히 나 자신의 내면이 부서져 남은 폐허의 잔해다. 외로움이 외부 요인으로 만들어지는 것이라면 고독은 나의 허무를 견딜 수 없어 만들어진 환영이다. 만져지지 않고 보이지도 않지만 분명 단단하게 물리적 실체로 존재하는. 고독이란 그렇게 모순적으로 표현될 수밖에 없다.

자살 충동이 쉴 새 없이 나를 파고들 때면, 습관적으로 차가운 손으로 따뜻한 목을 옥죄었다. 이렇게 질식해 버리고 싶었다. 그렇게 힘을 주다가도 차가운 목줄기를 타고 흐르는 따뜻한 손의 온기 아래로 두근거리는 희미한 맥박의 고동으로 삶을 감각했다. 고독은 차가운 것이라고 생각하기 쉽지만 실제 감각한 고독이란 온몸이 녹아 버릴 정도로 뜨거운 용암 같은 것이다. 위에서 이야기한 연인을 다시 말해 보자. 용암이 두 사람을 뜨겁게 뒤덮었을 때 그들이 느꼈을 끔찍한 작열감이 고독이라고 할 수 있지 않을까. 무리 주변에 사람이 많은 유명인이라고 해도 충분히 깊은 고독감에 시달릴 수 있다. 고독이란 단어가 주

PART 05
고독이라는 근사한 변명의 사치 속에서

는 기운은 두 글자 이상의 무게를 지니고 있다.

내가 생각하는 고독은 결국 삶을 지독하게 사랑하지만 뜻대로 되지 않아 죽음을 향해 전진하는 것을 말한다. 한 사람의 세상은 너무나도 과포화되어 있어, 오히려 그 세계에서 겉돌 수밖에 없고, 나는 그럴 때 고독해진다.

용암이 덮치기 전, 서로를 껴안은 그 두 사람이 실은 모르는 사람이었다고 해도 상관없다. 그렇다고 한다면 그 두 사람은 죽음을 앞둔 채 급격히 실감되는 고독을 받아들이며, 자신이 실제로 존재했음을 타인의 온기로 확신하고 싶었던 것일지도 모른다. 헛된 외로

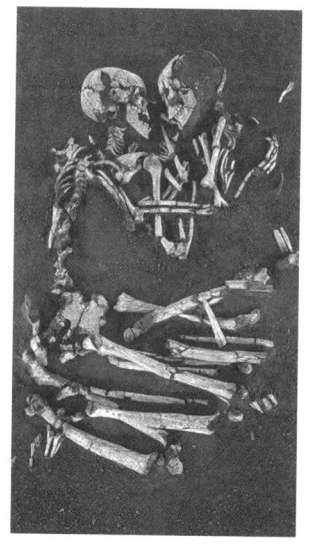

발다로의 연인 (Lovers of Valdaro)

몽실몽실 몽상구름
백 번 자살 시도 끝에 살아난 여자의 찬란한 생의 기록

움이나 고독은 공통적으로 공허한 슬픔을 의미하는데 그들의 적적한 지대 가운데 불붙은 사랑이란 죽어가는 사람을 살아가게 하는, 은유적 의미로 삶의 부지깽이다. 이는 수동적으로 죽음에게 함몰되겠다는 소멸의 의미가 아니라, 희미하더라도 능동적인 삶으로 나아가겠다는 다짐이다. 상대의 뼈를 단단하게 쥐면서 존재에 대한 확신을 가지게 된다. 인간이 가장 두려워하는 것은 외로움도 고독도 아니고 허무의 지옥이다. 우리는 우주에서 보면 먼지 한 톨만 한 존재로, 허무하다. 그런 무력감 속에서 스스로 삶의 의미를 문학으로 탄생시키는 것이 인간이다. 그렇기에 문학은 사라져 가는 이들의 흔적을 간절하게 붙잡고 형상화하고자 하는 영원한 정지의 예술이라고 할 수 있다. 말하자면, 용암이 휩쓸고 남은 삶의 잔해를 파헤치고자 하는 영원의 기록이다.

영원이라는 단어만큼 헛헛한 표현이 또 있을까. 현실 세계에 영원이란 없다. 이전 세대는 소멸하고, 새로운 세대가 탄생한다. 이는 지구 순환의 법칙이다. 그럼에도 불

PART 05
고독이라는 근사한 변명의 사치 속에서

구하고 불가능을 믿는 사람만큼 숭고한 것이 있을까. 용암이 들이닥치는 갑작스럽고 부조리한 운명을 맞닥뜨린 사람의 존재를, 생의 마지막 가치를 붙잡겠다는 그 슬픈 자해야말로 그 삶을 새롭게 태어나게 한다.

자살 충동에 시달릴 때마다 죽음 앞에서 더욱 삶을 강하게 붙잡으려고 했던 그들의 사진을 바라본다. 수건이 마를 새가 없이 울었다. 내가 버려 왔던 삶을 다시 주워서 탈탈 털었다. 나를 끌어안고 끅끅 울면서 슬픔을 부정하고 인정하고 부정하고 인정하기를 반복했다. 고독이라는 녀석은 확실히 딱딱하고 아픈, 날붙이처럼 나의 삶을 위협하기도 하지만 나는 그 고독을 끝내 사랑하기로 했다.

내가 아닌 다른 사람, 그 누구도 나를 이해할 수 없다는 감각은 나르시시즘적인 성격에게 있어, 자신을 더욱 독보적인 존재로 만들어 버린다. 하지만 혼자 살다 혼자 죽는 이 인생, 내가 그 인생의 독보적인 주인공이 된들 어떤가. 나는 그 고독을 잘근잘근 오독오독 씹어 먹으면서

몽실몽실 몽상구름
백 번 자살 시도 끝에 살아난 여자의 찬란한 생의 기록

무한한 슬픔의 구렁텅이 속에서 좌절했던 순간을 흘려보냈다. 나는 그 고독만이 줄 수 있는 인간다움을 믿기로 했다. 다른 누구도 아닌, 나를 우주에서 하나뿐인 존재로 만들 수 있는 그 매력적인 가치에 대하여.

> That god forbid, that made me first your slave,
> I should in thought control your times of pleasure,
> Or at your hand the account of hours to crave,
> Being your vassal bound to stay your leisure.
> O, let me suffer, being at you beck,
> The' imprisoned absence of your liberty,
> And patience, tame to sufferance, bide each check
> Without accusing you of injury.
> Be where you list, your charter is so strong
> That you yourself may privilege you time
> To what you will; too you it doth belong
> Yourself to pardon of self-doing crime.
>   I am to wait, though waiting so be hell,
>   Not blame your pleaure, be it iill or well.
>
>   William Shakespeare's Sonnets

PART 05
고독이라는 근사한 변명의 사치 속에서

> 나를 처음 노예로 만든 신께,
> 당신이 주신 쾌락의 시간을 제약한다거나,
> 어떻게 쓸지 따지지는 않겠습니다.
> 하인으로서 당신의 명령을 따라야 하기에
> 나는 독방에 갇혀 있는 신세지만,
> 당신이 자유롭게 다니더라도 개의치 않았습니다.
> 안내 속에서, 고통을 견디며, 비난을 묵인하고,
> 당신의 부당한 처사에 반항하지 않습니다.
> 당신이 원하는 대로 따를 것입니다.
> 당신 마음대로 하세요. 당신의 권한은 큽니다.
> 자신의 시간을 마음껏 사용할 수 있고, 자신의 범죄도
> 자신이 용서할 수 있는 권한을 지니고 있습니다.
> 　　기다리는 일이 지옥일지라도, 나는 기다립니다.
> 　　당신의 기쁨이 선이든 악이든 비난하지 않습니다.
>
> 　　　　　　　　　　　　　윌리엄 셰익스피어 소네트 중

　　나를 오랫동안 괴롭힌 건 타인에게 상처 주는 일이 무섭고 괴로운, 일종의 '착한 년 콤플렉스'였다. 자책감이 계속되자 어느 순간부터는 내가 만들어 낸 가상의 시나리오 안에서 피해의식에 시달려야만 했다. 그런 죄책감은 스스로 타인의 기대에 못 미치는 인간 같다는 자기 비하

몽실몽실 몽상구름
백 번 자살 시도 끝에 살아난 여자의 찬란한 생의 기록

적 확신이 되고, 이는 스스로를 죽이고 싶다는 마음으로 번지기에 충분했다. 나중에 깨달았다. 그 모든 죄책감은 내가 만들어 낸 상상의 전유물이었다. 그 상상 속에서 죽어 가는 인간의 형상이야말로 나의 비극적이고도 아름다운 드라마를 완성시켜 줄 수 있는 하나의 상징이었다. 어떤 인간은 아무도 나를 이해하지 못한다는 확실한 다짐으로 자신 주변에 성역을 두름으로써 자신에게 누구도 다가올 수 없다는 소외감을 자처한다. 그 소외감이란 인간이 스스로 창안한 고독으로, 자신이 세속의 어떤 가치평가에도 휘둘리지 않는 온전한 혼자라는 인식을 심어 준다. 고독 안에서 끝없는 자책과 죽음 충동에 시달린다면 당신은 너무나도 인간다운 한계에 부딪친 존재라고 할 수 있다.

당신은 신이 아니기에 세상 모든 것을 사랑할 수도, 모든 것으로부터 사랑받을 수도 없다. 그러니 당신이 '타인'이라는 좁은 울타리를 벗어나 그 이상의 삶으로 도약하기 위해선 모든 것을 사랑하기보단 '나에게 주어진 순간'을 뜨겁게 사랑해야 한다. 온 힘을 다해 당신에게 주어

PART 05
고독이라는 근사한 변명의 사치 속에서

지거나 당신이 찾은 사랑을 사랑하는 것 외에는 이 고독을 맞설 방법이 없다. 그러나 그 정도로도 충분히 당신은 '당신'이라는 사람의 전부를 지킬 수 있다. 이 사실을 명확하게 인식하고 운명 앞에서 사랑에 모든 걸 바칠 수 있는 용기야말로 내가 나를 이길 수 있는 유일한 방법이다.

몽실몽실 몽상구름
백 번 자살 시도 끝에 살아난 여자의 찬란한 생의 기록

고독은 정당한 자기 변명이라고 믿는다

적당한 나르시시즘조차 나쁘다고 말하는 의견에는 반대하는 입장이다. 유아기의 인간은 어머니의 품만이 전부라고 생각한다. 그 품속에서 자신이 세상의 전부라고 착각하는 일이야말로 어쩌면 황홀한 체험이라고 할 수 있다. 다시는 돌아가지 못할 그 원초적 욕망에 대한 그리움. 사무엘 베케트는 삶이란 이상을 깨뜨려 가면서 발전해 가는 것이라고 말했다. 그 말은 지극히 온당하다. 엄마의 품만이 전부라고 생각했던 세계를 떠나서 인간은 더 넓은 가능성의 세계로 나아가 희망을 향해 전진한다. 그 희망은 무수히 박살 나고, 어쩔 땐 겨우 희미한 형태만을 갖춘

PART 05
고독이라는 근사한 변명의 사치 속에서

채 억지로 이어 붙인 조형물처럼 조악한 모습으로 나의 삶을 지탱해 주는 무언가가 되기도 한다. 고독은 인생 이상의 사치에 해당한다. 고독은 사실 나를 오롯이 바라보게 해 주는 현미경이 되어 주기도 하고 내가 얼마나 가진 것이 없는지 깨닫게 해 주는 것이기도 하다. 고독은 비움의 순간이다. 모든 것을 비우고 나서 결국 나의 삶에 남은 최후의 것이 무엇인지 알게 해 주는 것이 고독의 가치다.

모든 것을 멈춘 뒤 찾아오는 침묵이야말로 나를 살도록 하는 마지막 탈출구일지도 모른다. 고독이란 사실상 근사한 변명과도 같다. 타인과 다르게 나의 정체성을 더욱 두드러져 보이게 만드는 그것은 나를 제외한 모든 것들을 반사판으로 삼아 나를 빛나게 만든다. 내 주변의 모든 것들을 하찮게 만들고 내가 비로소 앨리스의 동굴처럼 한없이 빠져들어 이상한 나라로 인도해 줄 수 있게 하는 영구한 통로. 나의 변명 속에서 나는 앨리스가 되어 한없이 뛰어다니기도 하고 우아한 티파티를 즐기다가 바닥을 기기도 했다. 하지만 그 자기기만의 상상 속에서 나는

몽실몽실 몽상구름
백 번 자살 시도 끝에 살아난 여자의 찬란한 생의 기록

특별한 동화 속 주인공이 된 것처럼 한바탕 즐거운 나비의 꿈을 향유하기도 했다. 겸손함 따위는 개나 줘라. 나는 내 인생이란 소설의 당당한 주인공이다. 내가 사랑하기에 마땅한 그들과 그것들에 최선을 다해서 모든 것을 바치고 사랑을 베풀면 되는 일이다.

세상 일이란 우연의 연속이고 예측하지 못한 경우의 수의 반복이다. 그런 세상 일 가운데 나를 향한 총알을 가뿐히 피하고 숨을 수 있는 요령은 삶에 몸을 부딪치며 자연스럽게 터득할 수밖에 없다. 예측 불허한 시간 속에서 나를 향한 공격을 이리저리 피하면서 의연하게 내가 있어야 하는 존재 위치를 찾아가는 것이 삶이다. 고독을 삶을 풍부하게 해 주는 요소로 바꾸는 건 각자 하기 나름이다.

우리 모두 백설공주에 대해 알고 있을 것이다. 우리는 크면서 어릴 적엔 단순히 백설공주를 괴롭히는 빌런이라고 생각했던 계모의 입장을 고려해 보지 않을 수 없다. 계모는 거울을 바라보면서 세상에서 가장 아름다운 사람이

PART 05
고독이라는 근사한 변명의 사치 속에서

누구인지 계속 묻는다. 그러니까 본인의 자아를 끝없이 확인하고 싶어 하는 슬픈 인간이다. 매 순간 우리는 수많은 거울에 둘러싸여 우리의 상태를 확인받고자 한다. 특히 인정 욕구에 사로잡힌 현대인들은 자신을 검열하며 결국 타인과 합일되지 못하고 분리된 상태로 머무르게 된다. 타인의 욕망이 만들어 놓은 거미줄에 단단히 묶이게 된 인간은 철저한 외로움에 사로잡힌 채 자신의 진짜 욕망과 타인의 욕망을 구분하지 못하게 된다. 계모에게 절실히 필요했던 것은 거울이 아니라, 거울 속의 '자신'을 새롭게 인식하는 과정이다.

타인의 시선에 자신을 재단하며 내면에 독사과를 품을 게 아니라, 내면의 자신을 알고 아름다움의 진정한 가치가 무엇인지를 성찰하는 과정을 거쳐야 한다. 어쩌면 백설공주의 계모는 동화라는 이야기에 희생된 등장인물이다. 내가 세상에서 제일 아름다운 존재여야만 한다는 강박에 시달린 채 모두의 찬미와 사랑을 받아야만 하는 그녀에게 말을 건네는 거울의 목소리는 그녀가 만들어 낸

몽실몽실 몽상구름
백 번 자살 시도 끝에 살아난 여자의 찬란한 생의 기록

환청일지도 모른다. 세상의 잡음 가운데 자기 주관으로 그 속의 메시지를 취사선택하여 자신에게 진정 필요한 목소리란 무엇인지를 고찰하는 것이 중요하다.

강박은 우울증의 증세 중 하나이다. 원하지도 않는데 한 가지 생각에 사로잡혀, 그 생각이 나를 옥죄고 괴롭히는 것이다. 강박이 없는 사람들은 까짓거 생각하지 않으면 되지 않냐고 하겠지만, 강박 상태의 환자는 그럴 수 없다. 끔찍하리만치 부정적인 생각만 내 어깨를 짓누르고 커다란 낫을 든 저승사자가 되어 나를 끝없이 죽이려고 다가온다. 그런 게 반복되다 보면 쨍쨍한 뙤약볕 아래서도 자멸해 버리고 싶다는 열망이 강해진다. 만약 자신이 가진 거울이 평범했더라도, 끊임없이 '백설공주'라는 존재에게 쫓기듯 살았을 것이다. 그런 이미지와 소음의 지옥 속에서 자신을 지키는 첫 번째 방법은 단순하다. 정신과 약의 처방을 받는 것이다.

한 가지 팁을 주자면 이전에 어떤 약을 처방받았는지

PART 05
고독이라는 근사한 변명의 사치 속에서

 굳이 설명하기보단, 새로운 병원에서 새로운 의사를 만나 나의 병세가 어떻게 악화되었는지를 소상하게 설명해야 한다. 의사 선생님 가운데 이전에 처방받은 약이 뭐냐고 묻는 경우가 있는데, 여러 차례 경험해 보니 이는 그다지 효과적이지 못하다. 새로운 의사 선생님께 약에 관해 설명해 봤자 그들은 이전 약과 비슷한 약의 종류만을 처방하기 때문이다. 약이 내게 잘 듣지 않았다면 처방받았던 약이 나에게 통하지 않는 종류의 약이었을 확률이 높다. 그러므로 올바른 처방을 받기 위해서 새로운 의사 선생님을 만나서 리셋하듯이 자신의 상태를 설명드리는 게 맞다. 먼저 약의 힘을 빌린 뒤, 최대한 나를 보호할 수 있도록 애쓰는 게 물리적으로도, 정신적으로도 좋다. 나를 둘러싼 기존의 거울을 전부 깨부수고, 그 조각 중 하나를 쥐고 그 안에 비친 한 명의 나에게만 철저히 이기적으로 굴자. 그리고 타인에게는 이타적일 수 있도록 노력하자.

 가끔은 몽상구름이라는 내 지친 영육을 쉴 수 있는 도피처에 나를 온전히 맡긴 채, 포근포근한 흰 구름에 껴안

몽실몽실 몽상구름
백 번 자살 시도 끝에 살아난 여자의 찬란한 생의 기록

겨 내가 나에게 말하는 위로의 노래를 듣는 건 어떨까. 고독한 여유를 즐겨 봐도 좋겠다. 그 구름 위에서 나를 비추는 햇빛 한 줄기를 맞으며 보는 거울 속 내 모습은 어느 때보다 평안하고 행복할 것이다.

구름에서 홀로 안식을 취할 때야말로 나는 삶의 모든 구속으로부터 자유로워진다. 몽상구름 속에 있다 보면 나를 옭아매던 슬픔이 점차 흐릿해진다. 슬픔은 수증기로 증발하여 구름을 묵직하게 만들며, 나를 더욱 풍성한 사람으로 성장하도록 도울 것이다.

PART 05
고독이라는 근사한 변명의 사치 속에서

존재하지 않는 고도를 영원히 기다리며

두 남자, 블라디미르와 에스트라공은 허허실실 시답잖은 소리를 하며 하염없이 언제 올지도 모르는 고도를 기다린다. 나 지금 죽으러 가야겠어. 아니야, 잠깐만 기다려. 아직 고도를 못 봤잖아. 아 맞다. 고도! 고도는 도대체 언제 오는 거야? 나무에 밧줄을 매달아서 목을 매려고 했는데 밧줄이 시원치 않아. 내일은 더 튼튼한 밧줄을 가져와야겠어. 허허.

'고도를 기다리며' 속 두 남자는 본 적도, 그것이 무엇인지도 알지 못한 채 돌아다니고, 정지한 채로 허무하게

몽실몽실 몽상구름
백 번 자살 시도 끝에 살아난 여자의 찬란한 생의 기록

흘러가는 시간을 소비하기만 한다.

    존재의 의미라는 건 무엇일까. 고도란 각자에게 다 다른 개념으로 존재하며, 정신적으로 갈망하지만 도달할 수 없는 곳이다. 인간은 애초에 존재하지 않던 '삶의 의미'를 생각하면서부터 도달할 수 없는 고도를 만들어 내고, 그 단어를 향한 관념적인 대답을 내놓았다. 이는 기어이 예술을 만드는 토대가 된다. 그리고 이렇게 대답할 수 없는 것에 관해 탐구하다가 끝내 미완결로 그치게 된 작품이 바로 사무엘 베케트의 『고도의 기다리며(Waiting for Godot)』이다.

    끔찍한 우울증과 강박증에 시달리던 나는 어쩌면 애초부터 내게 부재던 것에 대한 미련으로 자해할 수밖에 없던 게 아닐까. 나는 어리석게도, 어린 시절 내가 갖지 못한 것에 대해 끝없이 미련을 갖으며 스스로를 자학하고 운명을 원망하며 지냈다. 의학적인 정의와 상관없이 우울과 강박을 앓던 환자 당사자성으로 말하자면, 우울증은

PART 05
고독이라는 근사한 변명의 사치 속에서

　미래에 대한 불안, 강박은 과거에 대한 압박을 뜻하는 것 같다. 바닥을 기며 모든 것을 다 토하고 꾸역꾸역 삼키고 다시 토하기를 거듭하면서 정신을 잃어 본 끝에 내린 결론이다. 강박증에 관한 의학 서적의 해석을 보면 모두 웃기기 그지없다. 서적 속에서 강박증이란 '무언가에 강렬하게 집착하는 행위'처럼 보인다. 그러나 사실 그 모든 집요함은 현재의 상태를 더 이전의 상태로 되돌리려는 헛된 몸부림이다.

　우울증은 말 그대로 미래에 커다란 구멍이 있어서 그곳으로 발을 내딛는 순간 자신이 추락해 버릴 것이라고 생각하는 병세를 말한다. 아무도 나를 의식하지 않는 순간, 과한 자의식으로 인해 수건으로 목을 매고 싶다거나 자해를 하고 싶다는 충동에서 헤어 나오지 못하는 것이다. 정신 병원에서 직접 본 우울증 말기 환자는 이 사람, 저 사람에게 내가 지금 살아 있는 것이 맞냐고, 자신의 이름이 무엇인지 아냐고 물어보고 다녔다. 말 그대로 과잉된 자의식으로 인해 자신이 매 순간 기형의 상태로 죽어

몽실몽실 몽상구름
백 번 자살 시도 끝에 살아난 여자의 찬란한 생의 기록

가고 있다고 생각하고 자신이 사라져 간다고 피해의식에 찌들어 있는 것이다. 자의식이란 내가 나를 어떻게 생각하느냐를 뜻한다. 고통을 겪는 환자들에게는 저마다의 자의식이 있고 그 자의식과 별개로 그들이 상정해 놓은 고도가 있다.

불행하게도 나처럼 우울증과 강박증을 동시에 겪는 경우가 있다. 그럴 경우에는 매 순간 제정신이 될 수가 없다. 땅을 밟고 길을 걷는 게 아닌, 공중에 붕 떠서 허공을 걷는 것만 같고 주변 사람 모두가 나를 욕한다는, 그런 공포감에서 벗어나지 못한다. 그 어떤 병이 되었든 간에 결국 원인은 고도를 깨우치지 못했기 때문이다.

인간은 우주의 크기에 비하면 초라한 먼지밖에 안 되는 존재일 것이다. 하지만 그런 규모 속에서 나라는 존재를 확대하기도 하고 축소시키기도 하며 생각해 보면 나라는 존재는 이 우주가 거쳐 가는 시간의 순간에 유한하게 나마 흔적을 남긴 인간이다. 이 큰 우주 속에서 모두 공평

PART 05
고독이라는 근사한 변명의 사치 속에서

하게 무지한 상태로 우주의 한 티끌만 한 간격을 살다가 떠나는 존재인 것이다. 그러면서도 그 티끌만 한 거리나마 진전을 향해 떠밀려 나아가는 존재이기도 하다. 모든 인간은 우주의 거대한 원리 앞에 너무나도 무지한, 미약한 존재라는 점에서 존재론적으로 평등하다. 거시적인 관점에서 나의 고통은 찰나에 불과하며 미시적인 관점에서 나의 고통은 망쳐 버린 생크림 케이크에 불과하다. 당장 엉망진창이 되어 온몸이 설탕으로 끈적끈적하더라도, 깨끗이 씻고 새롭게 다시 시작하면 그만이라는 뜻이다. 그렇게 크게 보나 작게 보나 삶에는 우주라는 거대한 무한의 미지가 있기 때문에, 또한 영원히 가닿을 수 없는 고도가 있기 때문에, 절대적인 엔트로피 법칙에 따라 다시 주워 담을 수 없는 시간의 원리가 있기 때문에, 사랑하는 연인이 영원히 떠나 버렸기 때문에, 타려고 했던 기차를 바로 코 앞에서 놓쳐 버렸기 때문에, 인간은 더욱 인간다워지는 것이다.

실수와 실패, 미지와 궁금증 하나 없는 인생 속에서

몽실몽실 몽상구름
백 번 자살 시도 끝에 살아난 여자의 찬란한 생의 기록

빈틈없는 삶을 사는 인간으로 빡빡한 시간은 추상적으로나 물리적으로나 어떤 탄력성도 가지지 못한다. 시간의 탄력성을 바탕으로 인간은 수많은 벽을 정면으로 받으면서도 아프지 않게 튕겨져 나올 수 있고, 그렇게 되면 삶은 더 넓어진다. 중력이 있기 때문에 모든 것이 추락한다는 법칙 아래 죽음의 무게를 추상적으로나마 가늠할 수 있는 시적 상상력이 생기게 된다. 삶에서 풀리지 않는 부정확한 어떤 것이 반드시 존재하고 죽음 저 너머의 세계에 대해 절대 알 수 없기에 인간은 고도를 꿈꾼다. 나는 역으로 그렇게 말하고 싶다. 정신병을 앓으며 고통받고 있는 그대들은 모두 고도의 희생양이라고.

'정상성'이라고 불리는 개념을 느슨하게 해 보면 어떨까. 당신은 애초부터 사소하고 무지한 존재임을 인정하고 보다 순수한 마음으로 까만 밤하늘의 별을 헤는 소년, 소녀의 심정으로 돌아가 보면 어떨까. 궁극적으로 명확한 고도란 없다. 하지만 불가능한 그것을 찾아 헤매는 당신은 너무나도 숭고한 존재다. 다만 그 추종의 마음이 집

PART 05
고독이라는 근사한 변명의 사치 속에서

착으로 번져 자신을 자해하는 칼날이 되지 않기만을 바랄 뿐이다. 누구나 고도를 꿈꿀 수 있다. 확실한 건 그 고도는 당신이 영원히 닿을 수 없는 이상향이다. 그것에 얽매여 붕괴되지는 말라. 폐허를 피하고 고도의 불가능함을 먼저 인정하자. 그리고 그 최선을 다해 그 고도를 향해 나아가는 쪽으로 살아가자. 고통을 감수하면서도 고도를 향해 다가가는 당신은, 그 고통 속에서 진리를 깨우치게 될지도 모른다.

몽실몽실 몽상구름
백 번 자살 시도 끝에 살아난 여자의 찬란한 생의 기록

한 줄기 어스름한 빛이 비치네

There's a certain Slant of light,
Winter Afternoons -
That oppresses, like the Heft
Of Cathedral Tunes -

Heavely Hurt, it gives us -
We can find no scar,
But internal difference,
Where the Meanings, are -

None may teach it - Any -
'Tis the Seal Despair -
An imperial afflication
Sent us of the Air -

PART 05
고독이라는 근사한 변명의 사치 속에서

When it comes, the Landscape listens -
Shadows - hold their breath -
When it goes, 'tis like the Distance
On the look of Death -

        Emily Dickinson, 「There's a certain Slant of light」

한 줄기 어스름한 빛이 비친다.
겨울 오후 -
대성당에서 흘러나오는 선율의
무게와도 같이 짓누르며 -

그것은 굉장한 상처를 주는데도 -
상처 자국 하나 없어라.
하지만 그 의미가 일렁이는 내면에서는
천둥 같은 변화가 -

아무것도 그것을 가르칠 순 없다 - 아무도
그것은 봉인된 절망 -
공기가 우리에게 건네준
장엄한 고뇌

그것이 올 때면 그림자들은 숨을 멈추고 -
풍경들은 - 귀를 기울인다 -
그것이 사라질 때면 - 마치 죽음의
얼굴 위에 드리운 서먹함처럼 아득하여라.

        에밀리 디킨슨,「한 줄기 어스름한 빛이 비치네」

몽실몽실 몽상구름
백 번 자살 시도 끝에 살아난 여자의 찬란한 생의 기록

    매 순간 찾아오는 정직한 자연의 순리 앞에 한없이 겸허해질 수밖에 없다. 삶도 자연의 일부와 같아서 해가 떠오르고 지는 것처럼 정직하게 찾아오는 생로병사의 원칙 앞에서 우리는 순종할 수밖에 없다. 평생을 칩거하며 자연 속에서 글만 썼던 에밀리 디킨슨은 평생 미혼으로 살면서 사랑과 자연의 아름다움을 찬미하는 심오한 시를 남긴 것으로 유명하다. 그녀는 자연 속에서 칩거하며 매일 뜨고 지는 해를, 잡지도 못하는 사랑처럼 매일 애틋하게 어루만지고 이별하기를 반복하며 고독한 밤을 맞이했을 것이다. 그녀에게 고독이란 인생 자체를 직유하는 표현이었다고 해도 무방하다. 그녀는 고독 안에 잠식되어 쓰디쓴 고독의 맛을 곱씹고 허물고 토하고 다시 삼키면서 그녀 안으로 꿋꿋이 쓸어 담았다. 삶에서 내가 상대하는 유일한 절대적 존재가 고독이라고 상상했을 때 죽음은 무채색으로 단일하게 표현된다. 인간에게 날카로운 비수처럼 꽂혀 들어오면서도 추상적이기만 한 고독은 내상이라도 입은 듯한 고통만을 오롯하게 선사한다. 고독은 물리적인 충격이 아니므로 시인은 추상적인 고통을 최대한 살려 고

PART 05
고독이라는 근사한 변명의 사치 속에서

독의 언어로 그려 낸다. 시인에게 있어 고독은 삶을 비추는 유일하고도 어스름한 빛의 존재와도 같다.

    고독은 에밀리 디킨슨이 표현한 대로 한 줄기 어스름한 빛이 왔다 사라짐을 의미한다. 지독한 생의 권태를 홀로 견디는 이에게 유일한 변화라고 할 수 있는 자연 속 빛의 드리움은 슬픈 짝사랑과도 같다. 이별이 약속되어 있는 이의 뒷모습을 누추하게 바라보며 만져지지 않는 무형의 고독은 한없이 묵직한 무게감으로 가슴을 짓누른다. 대성당에서 울리는 선율만큼이나 장엄하고 무거우며 신의 계시와도 같이 인간의 지독한 정적인 슬픔을 소리 없는 소음으로 요란하게 뒤흔든다. 빛의 존재는 사라지고 분명히 영원한 반복에 의해 기어코 다시 돌아오지만 결코 예전과는 같을 수 없는 것이기에 하루의 사라짐을 의미하는 빛과의 작별은 인간의 삶에 상실을 더한다. 시간이 흐르면서 자연스럽게 남기는 그 상실은 매일 거듭하며 헤아릴 길이 없는 고독의 심연을 더한다. 바닥의 끝이 어디인지는 모르겠으나 시인은 기꺼이 그 시간의 무해한 폭력의

몽실몽실 몽상구름
백 번 자살 시도 끝에 살아난 여자의 찬란한 생의 기록

역설 앞에 무릎을 꿇고 기꺼이 상처받기를 선택한다.

충격을 받았음에도 겉으로 보이게 어떤 흉터도 남지 않는다는 건 발자취 없는 유령 같다. 고독은 찾아왔다 홀연히 떠나가고, 모르는 사이에 같은 자리에 거듭해서 상처를 남긴다. 상처 입은 자리는 얇게 음푹 파이기만 하며, 보이지 않은 내상을 계속 입힌다. 여기에 고독의 끈질긴 그림자가 길게 드리운다. 시인이 고독 그 자체를 마주하며 파고 들어가는 것만이 지독한 시간의 권태와 운명의 부조리에 맞서는 유일한 방법이다. 무엇도 그것을 가르칠 수 없고, 풍선처럼 붙잡아 단어를 지을 수도 없다. 그렇기에 더욱 답이 없는 고독. 고독은 고독을 앓는 인간의 내면에서 보이지 않는 감각을 끌어 올린다. 보이지 않지만 분명히 존재하는 그것은 인간에게 언어를 뛰어넘는 언어를 지어내도록 하여 예술과 신앙을 낳았다.

빛과 공기의 무게만큼이나 절대적이면서 상대적인 것은 없다. 이 말 자체가 모순 어법인 것이, 빛과 공기 자체

PART 05
고독이라는 근사한 변명의 사치 속에서

가 무게가 없는 무형의 자연이기 때문이다. 공기가 우리에게 주는 장엄한 고뇌라는 에밀리 디킨슨의 표현은 그녀를 둘러싼 공기 자체가 인생이라는 뜻일 테다. 그 공기는 그녀에게 수많은 상처를 남겼을 것이다. 왜냐하면 그녀에게 삶은 지독한 무의미와 맞서야 하는 일상의 연속이었을 것이며, 죽음을 향해 한없이 공기처럼 흘러 들어가는 시간을 붙잡기 위해 분투해야 하는 불가능한 도전이 곧 삶이다. 또한 그녀가 권태와 허무의 고독에 침잠하여 죽음 안으로 한없이 파고 들어가며 슬픔을 비집고 집어 올려야 했던 시어들은 보이지 않는 시간의 파편이다. 세상에서 죽음 다음으로 가장 무거운 것이 있다면 침묵일 것이다. 고독은 인간의 침묵을 배가시켜 한없이 깊이를 더하고 거대한 무의미의 의미를 양산해 낸다. 시인의 숙명으로 태어난 에밀리 디킨슨은 시간이 더해 간 상처 속에서 무수히 많은 고통을 견디면서 그 무의미의 고독을 마주한다. 그리고 어떻게 해서든 삶이 그녀에게 가한 압박을 견디기 위해 아름다운 시어들을 지어내야만 했을 것이다. 아무에게도 말할 수도 없이 봉인된 절망 속에서.

몽실몽실 몽상구름
백 번 자살 시도 끝에 살아난 여자의 찬란한 생의 기록

 '한 줄기 어스름한 빛'이 다가오는 순간 그림자들은 모두 태연하게 자연의 순리에 따라 자취를 감춘다. 빛과 그림자는 화합할 수 없다. 어제가 사라지고 오늘이 태연하게 찾아오는, 이 자연의 지극히 끔찍하고도 평범한 진리 앞에서 인간은 또다시 무릎 꿇고 겸허하게 받아들여야 한다. 한밤 내내 곁에 머물던 그림자의 존재는 환하디환한 빛의 찬란함 가운데 가려진 그림자일 뿐이다. 그러나 밤이 되어 '한 줄기 어스름한 빛' 속에 찾아온 슬픈 그림자는 고독의 무게가 더해져 더욱 깊은 심연이다. 한밤의 어스름한 빛과 함께 밤은 지나가고, 다시 환한 빛이 찾아오면서 짓누르는 하루치의 삶은 어제의 고독을 기억하지 못한다. 기억하고 싶어도 시간은 앞을 향해 나아가길 재촉하면서 잊으라고 부추기고 인간은 끝없이 앞으로 향하면서 잔인한 망각의 억압 속에 복종한다. 그렇게 망각을 강요하며 앞으로 나가기를 부추기는 시간 앞에서 부유하는 인간의 삶은 한없이 가볍다.

 시간의 가벼움과 인간의 내적 고독 사이의 괴리감에

PART 05
고독이라는 근사한 변명의 사치 속에서

서 오는 슬픔은 오로지 인간의 아픈 추억으로 살집을 파고들어 스스로 상처를 준다. 상처 입은 살덩이는 아무런 흔적도 없이 인간의 고독을 더욱 기만하고 작열하는 태양 아래 부조리한 운명을 받아들이며 살아간다. 그렇게 하루치의 삶을 최선을 다해 살아가면 그 하루치의 삶을 최선을 다해 사랑한 만큼 매정한 속도로 '한 줄기 어스름한 빛'으로 스며들며 사라진다. 그런 삶의 순환 앞에서 묵도하며 바라봐야 하는 사라지는 빛이란 결국 수만 번을 거듭해도 어색한 하루치의 이별을 의미한다. 그 거듭되는 이별을 통해 인간이 저마다의 고독을 더해 가며 무의미의 의미를 찾아 자신만의 적절한 시어를 찾는 것이 아름답고도 슬픈 삶이라고 에밀리 디킨슨은 평생 믿었을 것 같다.

PART 06

죽음, 삶과 단 한 장의 종이 차이일 뿐

PART 06
죽음, 삶과 단 한 장의 종이 차이일 뿐

외할머니 서목임 씨의 웃음

 외할머니는 죽기 전 다른 누구보다 나를 찾았다고 했다. 그 병실에 나는 없었다. 어린 시절, 외할머니 집에서 시간을 많이 보내야만 했다. 남들 다 다닌다는 영어 유치원에 다니지 않았지만, 동네에 있던 저렴한 미술 학원을 다니면서 그림을 그렸다. 외할머니랑 같이 담요를 깔아 놓고 화투 그림 맞추기 놀이를 하면서 놀았고 신문지를 찢어서 종이학 만 개 정도 만들기도 했다. 외할머니와 함께 놀이터에서 자주 놀았고 당시 재건축 전이라 녹슬어 가는 놀이기구를 삐걱삐걱거리면서 즐겁게 탔다. 많은 손주들 가운데 나와 함께 있는 시간이 가장 길었기 때문

몽실몽실 몽상구름
백 번 자살 시도 끝에 살아난 여자의 찬란한 생의 기록

인지 할머니의 나에 대한 애정은 굉장히 각별했다. 외할머니는 베란다에 나가서 담배를 많이 피웠다. 외할머니의 꽃무늬 치마에 항상 짙은 담배 냄새가 배어 있었다. 어린 나는 그 냄새를 굉장히 좋아해서 외할머니 치마 속에 들어가면서 장난을 쳤다. 이리 나오지 못할꼬. 외할머니는 치마 속으로 계속 기어들어 가는 나를 붙잡으려고 애썼다. 이리저리 장난치면서 외할머니 품에 안겨 있는 시간이 너무 좋았다. 그래서인지 나는 담배 냄새를 맡으면 불쾌감이 들지 않는다. 웃기지만 담배 냄새를 맡으면 도리어 그때 외할머니 생각이 나 마음이 편안해지면서 갑자기 눈물이 울컥 나기도 한다.

철없는 어린 시절에는 몰랐다. 그녀가 들이마시고 내쉬는 담배 연기 속에는 오랜 시간 억척스럽게 부지런하고 현명한 여성으로 살아오면서 인내해야 했던 삶의 애환이 담겨 있다는 사실을. 외할머니는 심각한 상황에도 나를 보면 잇몸이 다 드러나도록 활짝 웃으면서 내 엉덩이를 토닥토닥 두들겨 주었다. 아이고, 이쁜 내 새끼. 외할머니

PART 06
죽음. 삶과 단 한 장의 종이 차이일 뿐

에게 나는 존재하는 것만으로도 세상을 환하게 채우는 즐거움을 주는 사람이었다. 테두리가 금빛이 될 때까지 살짝 태운 완숙 계란프라이는 세상에서 하나밖에 없는 최고의 계란프라이였다. 어린 시절 보아 온 외할머니는 고통을 속으로 삼키는 스타일이었다. 가슴 아픈 일이 있더라도 말없이 담배와 함께 시름을 태워 버렸다. 누군가가 외할머니에게 슬프고 모진 말을 하더라도 그녀는 영문도 모르고 멀뚱멀뚱 당신만 불쌍하게 쳐다보고 있는 나를 보면서 활짝 웃었다. 나를 보면 어떤 아픔도 느껴지지 않는다는 것처럼. 일본어 더빙판으로 불법 복제한 디즈니 만화 비디오가 집에 쌓여 있었고 나는 말도 알아듣지도 못하는 티브이 속 디즈니 캐릭터들을 보며 넋을 놓았다. 그러다가 내가 잠이 들면 외할머니는 내 머리칼을 조용히 쓸어넘기면서 뽀뽀를 해 주시고 이불을 꼭 덮어 주고는 떠났다.

내가 초등학교 고학년에 접어들고 중학교에 들어가게 되면서 외할머니와의 왕래는 없어졌다. 외할아버지가 돌

몽실몽실 몽상구름
백 번 자살 시도 끝에 살아난 여자의 찬란한 생의 기록

아가시고 병환을 얻게 되신 이후엔 외삼촌의 집에 들어가서 여생을 보내시다가 병상에서 내 이름을 부르며 나를 찾다가 돌아가셨다고 했다. 사정상 못 보는 동안에도 그녀는 그녀답게 내색 없이 나를 그리워하고 계셨던 듯하다. 마지막으로 보았던 외할머니의 팔뚝은 살이 거의 없는 앙상한 나뭇가지와도 같았고 피부는 검버섯으로 얼룩덜룩했다. 그런 와중에도 외할머니는 신기할 정도로 변함없이 그 맑은 웃음을 유지했다. 그녀는 모진 세월을 정통으로 맞아 약간만 건들어도 무너질 것 같은, 한없이 낯선 모습으로도 나와 눈이 마주치자 기억 속의 미소로 나를 반겼다. 그때 나는 기이한 느낌에 사로잡혔다. 나를 보면 무엇이 그렇게 좋았던 것일까. 그녀는 마치 나에게 이 세상 어떤 아픔도 알려 주고 싶지 않은 것처럼 무슨 일이 있어도 나에게 싱글벙글 웃어 주었다. 주머니에 꼬깃꼬깃 접어 둔 천 원짜리 몇 장 건네주며 아무한테도 말하지 말고 혼자 맛있는 거 사 먹으라고 말하면서 앙상한 손으로 나를 부여잡고는 역시나 웃었다.

PART 06
죽음, 삶과 단 한 장의 종이 차이일 뿐

시간이 흐르고 사회에 나왔다. 모진 소리 들어가며 가난과 모욕을 견디던 나는 길거리에서 스치는 담배 냄새를 맡을 때면 오랜 시간 잊었던 외할머니의 기억에 혼자 울었다. 힘든 전쟁을 거치고 오 남매를 키우면서 제법 커다란 가게를 운영하시던 외할머니는 누구보다 생활력이 강하고 멋진 여성이었다. 그런 멋진 여성이었던 외할머니에 비해 나는 초라하고 못나기 그지없는 손녀였다. 그녀가 내게 남긴 무한한 사랑이 과분하게 느껴졌다. 외할머니가 아픈 순간에도 나한테만큼은 절대 알려 주고 싶지 않아 했던 그 아픔을 온몸으로 깨우치게 된 나는 그 웃음을 떠올릴 때마다 주체할 수 없이 아프다. 그녀가 필사적으로 가려 주던, 그 테두리 속으로 돌아가려면 죽음을 맞이해야만 하는 걸까. 어린 시절 철없던 내가 깨우치지 못했던 외할머니의 맑은 웃음을 그릴 때마다 나는 삶과 죽음이 맞닿아 있다는 사실을 실감한다. 몽상구름을 향해 손을 뻗으면 그 너머에 외할머니가 있을 것만 같다. 나를 향해 티 없이 맑고 순수한 웃음을 짓던 외할머니의 형상이 아른거린다.

몽실몽실 몽상구름
백 번 자살 시도 끝에 살아난 여자의 찬란한 생의 기록

　마지막 순간에 그녀가 나를 보았더라면 어김없이 웃었을 것만 같다. 이 세상에서 가장 무해하고 깨끗한 애정이 존재한다면 나는 그녀의 웃음을 꼽을 것이다. 그녀가 죽는 순간 그렇게 애타게 내 이름을 부르며 나를 보고 싶어 했던 이유는 무엇이었을까. 그녀가 나에게 지어 준 웃음의 의미를 늦게 깨우쳐서, 그런 그녀의 앙상한 손을 잡고 마지막을 함께 지키지 못해서, 못난 손녀인 나는 죽을 만큼 괴롭다. 여전히 세상일들에 치여서 지칠 때면 그녀가 나에게 지어 주던 그 순수한 웃음을 떠올린다. 그녀의 웃음이 내 머릿속에 아른거리면 나는 그 모진 풍파를 견디고 삶을 이겨 낸 당당하고 멋진 외할머니의 모습에 울먹거리면서도 어느 순간 슬금슬금 웃음을 짓게 된다. 내가 그녀의 표정이 된 것처럼 어느 순간 나 또한 세상이 가하는 아픔 앞에 당당히 웃음으로 맞설 수 있는 용기를 가지게 된다. 외할머니는 죽었지만 죽지 않았다. 나 역시 아직 죽지 않았지만 외할머니와 함께하고 있다. 외할머니는 영원히 나의 삶과 함께하며 내 안에 살아 있을 것이다. 웃음이 그 어떤 방패보다 강하고 단단하다는 사실을 알려

PART 06
죽음, 삶과 단 한 장의 종이 차이일 뿐

준 그 아름다운 지혜와 함께 삶과 죽음이 공존하는 이 세상 속, 나는 내 몫의 삶을 당당히 살아 내고 떠날 것이다.

몽실몽실 몽상구름
백 번 자살 시도 끝에 살아난 여자의 찬란한 생의 기록

그대가 나이 들게 되면

When you are old and grey and full of sleep,
And nodding by the fire, take down this book,
And slowly read, and dream of the soft look
Your eyes had once, and of their shadows deep;

How many loved your moments of glad grace,
And loved your beauty with love false or true,
But one man loved the pilgrim soul in you,
And loved the sorrows of your changing face;

And bending down beside the glowing bars,
Murmur, a little sadly, how Love fled
And paced upon the mountains overhead
And hid his face amid a crowd of stars.

PART 06
죽음, 삶과 단 한 장의 종이 차이일 뿐

William Butler Yeats, 「When you are old」

그대가 나이가 들어 머리가 희고 잠이 많아져,
화롯가에서 졸게 되면, 이 책을 꺼내어
천천히 읽으면서 그대의 눈이 한때 지녔던
부드러운 눈길, 그리고 그대의 깊어진 눈의 그늘을 상상해 보세요.

얼마나 많은 이가 그대의 기쁜 은총에 가득 찬 순간들을 사랑했던가,
거짓되거나 진실되었든 사랑으로 그대의 아름다움을 사랑했던가,
하지만 오직 한 남자만이 그대의 순례자 같은 영혼을 사랑했으며,
당신의 변화해 가는 얼굴의 슬픔도 사랑했답니다.

그리고 불타는 장작 옆에 몸을 구부리며
속삭여 보도록 하세요, 조금은 슬프게, 어떻게 사랑이 달아나는지.
저 멀리 산 위를 서성거리다가
많은 별들 사이로 얼굴을 숨어 버리고 말았는지.

윌리엄 버틀러 예이츠, 「그대가 나이 들게 되면」

나이가 든다는 것은 삶의 찬란함이 점차 퇴색하여, 생

몽실몽실 몽상구름
백 번 자살 시도 끝에 살아난 여자의 찬란한 생의 기록

경험을 마주했을 때 밝은 축복에서 멀어지게 되는 것을 의미한다. 새로운 축복이 점차 사라져서 흑백 세상으로 변화하게 될 때, 현명하게 나이 드는 자라면 삶에 결국 남는 것이 얼마 없다고 깨닫는다. 자살 충동에 끊임없이 시달리고 결국 한계에 다다라서 더 이상 아무런 희망도 보이지 않는다는 생각이 들었을 때는 가만히 앉아 있는 것조차도 힘들었다. 억지로 달리기하며 그런 생각이 들지 않도록 땀을 흘려 보기도 했지만 소용이 없었다. 나는 종종 사람을 보면서 저 사람의 생물학적 나이를 떠나 정신적인 나이가 어느 정도 되는지를 가늠해 보고는 했다. 그 결과 소중한 자의식을 본인을 지킬 수 있을 만큼만 넉넉히 간직하고 나머지는 과감하게 버릴 줄 아는 용기를 가진 이가 결국 진정 성숙한 이였다. 자아를 잘 구성하는 이라는 건 타인의 모습에 현혹당하지 않고, 자신의 그릇을 잘 채워 넣을 수 있는 이를 뜻하는 것일 테다.

오랜 시간 자살 충동에 시달리다 보면 망상이 비대해져, 얼굴도 모르는 세상 사람까지 나를 싫어하고 죽길 바

PART 06
죽음, 삶과 단 한 장의 종이 차이일 뿐

란다고 느끼게 된다. 나는 정신과 의사 선생님을 바꾸었고 이전에 먹던 약이 뭔지 모른다고 거짓말해서 완전히 새로운 환자로 거듭났다. 그에게 나의 증상에 대해서 차분하고 이성적으로 설명했다. 새로운 약을 처방받고 점차 내 두뇌를 두들겨 패다시피 했던 슬픈 망상에서 조금은 자유로워지게 됐다. 나는 그때부터 내가 담을 수 있는 욕망 이상의 것들은 전부 내 삶에서 하나씩 내보내기 시작했다. 더 이상 사람에게 사랑받기를 구걸하지 않기로 결심했다. 고독으로 차고 넘치는 내 시간 안에서 나를 발전할 수 있는 방향으로 생각을 바꾸고 생활을 바꾸기 시작했다. 생각을 바꾼다는 것은 오래된 구정물을 퍼다 버리고 새로 채우는 일과 같아서 굉장히 힘든 작업이다. 하지만 썩은 내 나는 미련한 집착을 버리지 않으면 내가 가진 소중한 가치에도 여파가 갈 것이 뻔했다. 나는 그때 진정으로 한 단계 더 성숙해졌다고 느끼게 되었다. 많은 것을 채우려는 사람보다 많은 것을 비워 내고 소중한 것을 선택하고 집중하는 것이 나를 오롯하게 빛나게 해 준다는 사실을 깨우친 것이다.

몽실몽실 몽상구름
백 번 자살 시도 끝에 살아난 여자의 찬란한 생의 기록

　나이가 든다는 것은 무엇일까. 그 생각이 들 때면 예이츠의 시를 떠올린다. 여기서 나이란, 그 사람의 실제 나이를 말하는 게 아니다. 인생의 성숙도에 따른 정신적 나이를 말하는 것이다. 예이츠는 나이가 들어 죽음을 앞둔 사랑하는 여인을 보며 말하는 설정으로 담담하게 나이 든다는 것이 무엇인지 말한다. 이 시를 여러 번 읽으면서 떠오르는 이미지는 전부 건조하게 변해 버린 채 생동감을 잃고 옛날의 의미를 상실해 버린, 슬픈 화폭 같았다. 살아남을 힘이 있는 최소한의 것들이 꿈틀거리면서 여인의 곁을 맴돌고 결국 물질적으로 남는 것은 없이 권태로운 일출과 일몰 가운데 점차 잃어 가는 삶을 그려 낸 것 같았다. 인생의 황혼기에 접어들어 점차 힘을 잃어 가는 사랑하는 그녀를 향해 해 줄 수 있는 말은, 그녀가 잃어버리지 않은 것이 있다는 것을 되새겨 주는 것뿐이었다. 바로 기억 속에 반드시 그녀를 한때 뜨겁게 사랑했던 누군가가 있었고 그녀를 빛나게 해 주는 영광스러운 순간이 있었다는 사실을 말이다. 부질없을 수도 있는 청춘의 타오름을 온기의 씨앗으로 간직하기를 바라는 것이다.

PART 06
죽음, 삶과 단 한 장의 종이 차이일 뿐

    그런 사랑의 온기마저도 사실상 별들 사이로 사라지고 마는 게 이 상실의 시기이지만 예이츠는 이 시의 어조를 결코 비관적인 흐름으로 잡지 않았다. 나는 그 점에 주목하고 싶다. 이 시는 죽어 가는, 사랑하는 그녀를 위한 아름다운 자장가이자 하나의 레퀴엠과도 같다. 나이가 들면 당연히 죽음을 향해 나아간다는 순리를 말하면서 한 인간을 위해 반짝이던 모든 것들이 하나씩 빛을 잃어 가는 것을 목도하고 결국 그를 전부 비워 내, 인간에게는 무엇이 남는 것인지를 말하는 철학적인 시라고 할 수 있다. 사랑조차 열기가 식으면 저 능선 너머로 사라져 버리고 만다. 이것은 이 우주의 섭리다. 결국 색을 잃어버린 화폭 속으로 인생은 스며들기 마련이다. 하지만 삶의 최전선이라고 여겼던 사랑이 사라지는 모습을 보면서, 오히려 그 사라짐이 있기에 삶이 더욱 애틋하고 소중했다는 진실을 깨닫는다. 인생은 유한하고 모든 것이 자연의 이치대로 냉정하게 사라지고 만다. 그리고 엄정한 휘발성 앞에서 인간은 겸허해진다. 그 무거운 진실을 받아들일수록 인간은 자신의 그릇을 소중한 것으로만 채우게 된다. 사랑

몽실몽실 몽상구름
백 번 자살 시도 끝에 살아난 여자의 찬란한 생의 기록

하는 당신이 누리던 그 모든 영광과 사랑, 사치 모두 흔적 없이 깨끗하게, 역사의 밀물 속에 사라지고 말 것이다. 하지만 그 겸허함 속에서 인간은 자신의 인생을 포괄할 수 있는 몇 가지 단어를 갖고 그 최소한의 가치만으로 충분한 개인의 역사를 세우게 된다. 긴 시간의 연장 선상에서 오점 하나 남지 않을 인생이지만 필멸의 존재이기에 그 하나의 인생이 더욱 각별한 기억으로 간직된다. 사라지지 않는 것은 그저 권태로운 자연의 반복일 뿐이다.

예이츠는 그래서 인간의 기억을 소중히 여겼던 것 같다. 기억하기 위해 필사적으로 무언가를 남기고 삼라만상을 통틀어 모두를 품을 수 있는 절대적인 진리를 찾았지만 어디까지나 상대성을 띠게 될 뿐, 그런 진리는 존재하지 않는다. 그렇기에 예이츠는 인간이 능동적으로 기억하는 행위가 얼마나 소중한 것인지 허탈한 결론을 내리며 깨달았다. 예이츠는 노벨 문학상을 수상하고 대단한 시인으로 추앙받았지만 정말 신기할 정도로 명예 따위에 흔들리지 않는 미친 시인이었다. 시인으로 다다를 수 있는 최

PART 06
죽음, 삶과 단 한 장의 종이 차이일 뿐

고의 정점을 평생 골몰했으며 그 고통을 품에 안고 기꺼이 스스로 시라는 예술에 모든 걸 내어줄 정도로 헌신적이었다. 그런 그는 명예를 얻고 난 이후에도 누가 뭐라 하든 흔들림 없이 정점을 향해 꿋꿋이 나아갔다. 그 끝에 그가 목도한 것은 결국 인간의 삶에 남는 것이란 아무것도 없다는 사실이었다. 그 슬픈 진실을 사랑하는 사람에게 차마 직접적으로 말하지 못해 차분하게 다독이는 자장가를 쓴 건 아니었을까 생각한다.

한참 자살 충동으로 괴로웠을 때, 대학 학부 시절의 수업 교재를 정리하다 보게 된 이 시에서 위안을 받은 건 그러한 이유 때문인지 모른다. 결국 모든 것은 부재와 망각의 상태로 돌아가게 되어 있고 예이츠는 그것을 슬픔이 아닌 자연스러운 이치로 받아들여 쇠약한 삶에 맞서 오히려 더 큰 존재가 될 수 있다고 강조하고 있다. 당연하지만 슬픈 이치를 받아들이는 일은 상상 이상으로 커다란 용기를 주게 된다. 그렇다고 받아들이게 되는 순간 인간은 그 자연의 필멸성 앞에 굴복하는 것이 아닌, 그 위로 올라서

몽실몽실 몽상구름
백 번 자살 시도 끝에 살아난 여자의 찬란한 생의 기록

서 저 멀리 저물어 가는 별들을 바라보는 연민의 시선을 갖게 된다. 그 연민은 특정 대상을 위한 포용이 아니라 죽어 가는 모든 것들을 사랑하게 하며 그 사랑으로 충만할 때 인간은 더욱 인간다운 어른으로 거듭날 수 있다. 나이가 들게 되면, 예이츠는 죽음 앞에 더욱 겸허해질 수밖에 없는 한계를 가진 인간이지만 결국 모두에게 공평하게 주어지는 죽음이라는 무게를 짊어졌을 때 해탈의 낙관을 가질 수 있다고 믿었던 것 같다. 그런 점에서 그의 시는 늙음에 대한 슬픈 위로가 아닌, 공평한 죽음 아래 인간의 초월성을 강조하며 죽음이란 결국 자연의 일부에 불과하다는 사실을 깨우치게 해 준다. 사랑도, 영광도, 모두 죽음 앞에 사그라들기 마련이지만 당신을 사랑했다는 대단한 사실 하나만으로 당신의 삶은 우주의 오점으로 치부될 게 아니라는 사실을 되새겨 준다. 그토록 존엄하고 무겁다고 생각했던 인생의 슬픔을 비워 내고 가벼운 낙관으로, 주어진 남은 삶을 누릴 수 있다는 영원불변의 사실을.

PART 06
죽음, 삶과 단 한 장의 종이 차이일 뿐

헛된 몸부림 끝에 다다른 천국

Those masterful images because complete
Grew in pure mind but out of what began?
A mound of refuse or the sweepings of a street,
Old kettles, old bottles, and a broken can,
Old iron, old bones, old rags, that raving slut
Who keeps the till. Now that my ladder's gone
I must lie down where all the ladders start
In the foul rag and bone shop of the heart.

William Butler Yeats, 「The Circus's Desertion」

저기 완벽하기에 최고의 경지에 가까운 이미지들
순수한 마음에서 자라났지만 무엇으로 인해 시작하게 되는

몽실몽실 몽상구름
백 번 자살 시도 끝에 살아난 여자의 찬란한 생의 기록

> 것인가요?
> 수많은 거절 혹은 거리를 쓸고 간 흔적들,
> 옛날 주전자들, 옛날 병들, 그리고 부서지고만 캔,
> 옛날 철, 옛날 뼈들, 옛날 걸레들, 그리고 그 서랍을 지키고 있는
> 발광한 계집. 이제 나의 사다리는 사라지고 말았습니다.
> 나는 그 모든 사다리들이 시작하는 곳에 누워야만 합니다.
> 가슴 속의 더러운 걸레와 뼈의 상점이 있는 가운데서.
>
> 윌리엄 버틀러 예이츠, 「서커스의 폐기」중에서

　내가 사랑하는 사람과 공유하고 싶은 시 중 하나가 바로 이 시, 예이츠의 「서커스의 폐기」이다. 이 시는 화려한 서커스 쇼가 요란하게 이루어지던 서커스장이 유기된 이후 남은 공허한 공간을 비춘다. 서커스에서 뒹굴고 놀면서 선보였던 수많은 화려한 쇼들, 예이츠가 평생 시를 쓰면서 천재적인 재능으로 뽐냈던 그의 뛰어난 기교라고 할 수 있다. 사다리를 타고 정상에 오르려고 했고 인생에 관한 절대적인 시의 절정을 쓰려고 했으나 그가 천국으로 여겼던 그 고상한 절정의 지대에는 아무것도 존재하지 않

PART 06
죽음, 삶과 단 한 장의 종이 차이일 뿐

았다. 천상 위로 올라가면 지상의 더럽고 하찮은 것들과 비교할 수 없는 숭고한 것이 존재할 것이라고 생각했는데 막상 올라가 보니 그가 찾은 것은 말 그대로 아무것도 존재하지 않는 폐허일 뿐이었다.

사랑하는 사람과 죽는 순간 함께 읽고 싶은 시가 이런 독하고 허무한 시라니. 그러나 나는 이 시에서 체념과 달관의 미학을 읽는다. 체념이란 포기와는 다른 개념이라고 생각한다. 포기가 이 과정을 지속할 수 없어서 중간에 중단하는 것을 의미한다면 체념이란 할 수 있는 지점까지 최대한 모든 것을 바쳐 해 보고 더 이상 아무것도 할 수 없음을 알았을 때 그 일에서 손을 떼는 것을 의미한다. 체념은 훨씬 더 감정적으로 무겁고 끝장났다는 날 선 개념으로, 시련을 체감하고 완전히 돌아서 버린 자의 독한 다짐이다. 살면서 나는 많은 체념을 해 왔다. 재수 없게도 정 많고 눈물 많은 인간으로 태어난 팔자 탓에, 헤프게 정을 퍼 주다가 크게 데인 적이 많았기에 특히나 인간관계에서는 무엇도 기대하지 않는 게 좋겠다고 체념해 왔다.

몽실몽실 몽상구름
백 번 자살 시도 끝에 살아난 여자의 찬란한 생의 기록

그저 고독이라는 선 안에 잠시 나를 조용히 가두고 아무 생각도 하지 않으려고 노력하면서 많은 환상들을 버리고, 내 안을 비워 내려고 했다. 그런 체념은 힘없이 푹 쓰러지고야 마는 그런 수동적 속성이라기보다도 독하게 내 안에 고수해 왔던 신념과 애정을 저버리기로 결심한 자의 단단한 결단이다. 독한 결심 안에는 삶의 한 국면을 접고 뼈아픈 깨달음을 얻은 대가로 나를 채우던 기존의 젊은 패기를 강제로 태워 버리고 겹겹이 쌓인 잿더미 위에 피어난 새로운 표정이 있다. 나는 예이츠의 시에서 유약함이 아닌 강단을 유지하며, 오랜 시간 씁쓸하게 내면의 고독을 담금질해 왔던 시간을 떠올린다.

삶의 이상향은 뜬구름이었으며 그가 그토록 갈구했던 시의 극점에 닿는 삶이란 허망하기 그지없는 찰나에 불과했다. 서커스 단원의 화려한 재간으로 멋 부린 그의 시 속에 담긴 아름다움 역시 삶을 비추어 보면 부질없는 몸부림에 지나지 않는다. 예이츠가 말하는 지독한 체념과 비움의 자세 속에서 역설적으로 강하게 두드러지는 건 슬픈

PART 06
죽음, 삶과 단 한 장의 종이 차이일 뿐

체념이 지닌 담담함이다. 오히려 놀라울 만큼 지극히 평온해서 이상하게 큰 위로가 된다. 시를 포함한 순수 예술이 향하는 정상과 영원히 도달할 수 없는 이상에 대한 허탈감으로 인해 시는 더욱 단호하게 인간과 거리를 둔다.

 시는 인간의 삶을 재료로 삼는 예술이지만 시 자체는 인격을 전혀 가지고 있지 않다. 시는 아무런 표정을 가지고 있지 않다. 죽은 자가 아무런 표정을 지니고 있지 않은 것과 같다. 시가 인격을 가지지 않고 인간과 철저히 격리된 존재라는 점에서, 예이츠는 그 거리감을 깨닫고 도리어 영원한 안식을 취할 준비를 마친 것 같았다. 시는 아무런 해답을 가져다주지 못하고 인간의 삶과 합치될 수 없다. 시는 인간과 냉정한 거리를 두고 방관으로 일관할 뿐이며 인간은 시와는 독립적인 존재로 있을 뿐이다. 영원히 맞닿을 수 없는 평행선으로 인해 인간은 시의 세계로 더욱 돌진하여 삶의 형상을 구현하려 애쓰며 시에게 일방적인 구애를 하게 된다. 예이츠는 그 단호한 거리감을 깨닫고 시와 하나가 되고자 했던 그간의 몸부림에서 오는

몽실몽실 몽상구름
백 번 자살 시도 끝에 살아난 여자의 찬란한 생의 기록

허탈감에 진저리를 치다가 결국 영원히 극복할 수 없는 그 한계를 수긍하며 안식을 찾게 된 것 같다.

   인간의 예술에는 명백한 한계가 존재하고, 인간은 죽을 수밖에 없기에 갖게 되는 체념은 어쩌면 인간의 영원한 패배를 인정하도록 하기 위함이다. 인간은 삶에서 영원히 패배할 수밖에 없는 존재이다. 그런 체념의 과정을 통해 인간은 한층 도약하게 되어 새로운 삶의 국면을 맞이한다. 불가항력적인 이 세상의 모든 운명을 향한 담담한 용기이다. 인간에게 영원히 닿지 않는 시의 존재란 사실상 삶의 본질적 진리와 결코 가까워질 수 없다는 절대적인 한계를 보여 준다. 시와 삶이 일치할 수 있는 존재였다면 인간의 창작에는 명백한 한계가 존재하게 돼, 더 이상 발전할 수 없었을 것이다. 시가 아무런 표정을 지니고 있지 않기에, 인간은 그에 대한 필사적인 구애를 통해 영원으로 가닿고자 애타는 몸짓을 멈출 수 없다. 그렇기에 예술은 더욱 기이하고 아름다운 방식으로 발전할 수밖에 없다. 영원히 이루어질 수 없는 사랑이 기묘하고 황홀한

PART 06
죽음, 삶과 단 한 장의 종이 차이일 뿐

것처럼 말이다.

    나는 죽는 순간, 사랑하는 사람과 이 시를 소중히 하며 읽고 싶다. 삶과 예술이 가져다주는 잔인한 속성을 우리는 함께 뛰어넘었다고 말하며 서로의 어깨에 기댄 채 이 시와 그를 더욱 애틋하게 사랑하고 싶다. 시가 지닌 그 모든 슬픔과 허무와 체념을 끌어안은 채 새로운 삶으로 도약하여, 삶과 시라는 단어에 담긴 추상성을 지우고 실제로 존재하는 당신을 사랑하고 싶다. 자살 충동과 괴로운 좌절 속에서 버둥거리며 편두통에 종일 시달렸던 시절, 보이지 않는 삶을 억지로 부여잡으려고 했던 나를 잊고 싶다.

    삶에서 모든 것을 배제하고 사라져 가는 것들을 하나씩 헤아려 가며, 그 추억의 집합으로 존재하는 나와 당신을 사랑할 것이다. 그렇게 삶의 허무를 함께 말하며 웃음 지을 것이다. 삶 너머로 영원히 떨어질 수 없는 나와 당신의 거리만큼이나 예술에 대한 나의 집착도 초월을 능가하는 정신으로 지켜 나갈 것이다. 지금 내 곁에 존재하는 당신이 삶이나 예술이라는 단어로도 대체할 수 없는, 그 이상의 사랑이라고 나지막이 고백할 것이다.

| 에필로그 |

당신도 살 수 있다.
제발 살았으면 좋겠다

프란츠 카프카는 "내 인생을 나는 보냈다, 삶을 끝내고 싶은 욕구에 저항하는 것으로."라는 말을 남겼다. 나도 역시 이 말에 힘을 보태서 내 인생도 역시 그랬다고 말하고 싶다. 삶은 끝없이 나를 세상의 외곽으로 몰아넣고, 나는 끝없이 그곳에서 '그래도 삶을 사랑한다'고 거짓말 아닌 거짓말을 외쳐야만 했다. 예민한 감수성에 우울증 환자였던 나는 내가 생각한 완벽주의라는 허상에 어긋나게 돌아가는 세상에 대해 끝없이 좌절했고, 혐오스러운 삶으로부터 도망치고 싶은 생각뿐이었다. 내가 생각한 완벽함이란 그저 꿈의 도안이었을 뿐. 결코 그 성취가 나의 행복

몽실몽실 몽상구름
백 번 자살 시도 끝에 살아난 여자의 찬란한 생의 기록

으로 이어지는 것은 아니라는 사실을 깨닫고 난 다음에는, 완벽함이란 결국 내가 만들어 낸 환상에 지나지 않는다는 것을 알았다. 카프카의 말처럼 삶이란 어쩌면 나의 이상과 기대에 대한 끝없는 배신에도 불구하고 앞질러 가려는 자의 용기라고 할 수 있다.

    행복은 누군가가 정해 준 개념과 공식 같은 것인 줄 알았는데, 살아가다 보니 그건 철저히 내가 만든 선 안에서 형성되는 것이라는 사실을 알게 되었다. 내가 정한 대로 나의 행복이 결정된다는 생각은 알아도 쉽게 떠올릴 수 없다. 한계를 계속 마주치다 보면 내 삶이 어느 적정 안으로 추려지고, 이 적정선 안에서 충분하다는 걸 깨닫는다. 행복은·어디까지나 내가 내 행복의 가능성을 획정하고 그 감정에 이름 붙이기 나름이다. 저마다 갖는 최대치의 범위란 제각각이다. 어디까지나 그 최대치의 수용 범위라는 것은 사람마다 다르며 각자 세운 개념 안에서 뻗어 갈 수 있는 확장 가능성이라고 할 수 있다.

에필로그
당신도 살 수 있다. 제발 살았으면 좋겠다

저마다 자신만의 바운더리(Boundary)를 만들되 그 정함에 있어 얼마든지 유동성을 두는 것이 중요하다. 우울증 환자에게 있어서 가장 중요한 것은 무엇보다 삶을 내가 통제 할 수 있다는 인식과 그에 따른 바운더리의 유연성이었다. 무조건 이 세상의 논리와 법칙에 들어 보편적 가치가 옳다고 생각하는 것보다는 세상에는 수많은 갈래의 정답이 존재한다고 아는 게 중요하다. 하나의 법칙으로 통일했을 때 포괄할 수 있는 삶의 수는 그렇게 많지 않다. 우리는 그렇게 하기 위해서 삶의 가능성을 최대한으로 열어 두고 삶의 방식을 수용해야 한다. 나의 삶도 역시 그 여러 갈래의 삶 중에 포함될 수 있는 잠재된 삶으로 생각해야 한다. 그러기 위해서는 저마다 몸부림치고 있는 우울과 고통의 늪 속에서 빠져나와 새로운 차원의 가능성으로 도약하기 위한 자체적인 능력이 키울 필요가 있다. 그 아픔을 이해하려는 마음의 여유와 사유의 힘. 그것이 곧 관조의 경지에 다다라서, 나를 새로운 힘의 차원으로 도약하도록 도와주는 몽실몽실 몽상구름의 역할을 한다.

몽실몽실 몽상구름
백 번 자살 시도 끝에 살아난 여자의 찬란한 생의 기록

　사는 게 너무 괴롭고 힘들다 할지라도, 막다른 골목에 다다라서 더 이상 도망칠 수 없게 되었을 때, 당신이 뛰어오를 수 있는 푹신한 몽실몽실 몽상구름의 역할로 당신 곁에 머무르고 싶다. 몽상구름은 당신이 현재 처한 상태로부터의 단순한 도피가 아니라, 새로운 차원으로의 도약으로 지금 당신의 상황에 대한 관조를 뜻한다. 당신이 처한 어려운 상태를 돌파하기 위해서는 현재의 상황을 새롭게 바라봐야 한다. 몽상구름에 머물게 된 당신은 상상의 재료를 덧대어서 자신의 고통에 새로운 서사를 부여해야만 한다. 문학 치료에서 가장 강조하는 심리 치료의 방법은 나의 고통에 특정한 서사를 부여하는 것이다. 그 안의 인과관계를 명확하게 밝히고 그런 일이 일어날 수밖에 없었던 나만의 변명, 내지는 개연성을 뚜렷이 밝혀내는 일이 중요하다. 태어나서 처음 살아 보는 삶이자 첫 번째 경험을, 그 삶의 가능성이 나에게 있어 생소하고 어려운 것이었다고 밝히면서 현실에 대한 인식을 보다 뚜렷이 하는 것이다. 현실에 대한 인식이 뚜렷해지고 나서야 나에게 그런 일이 닥치게 된 정황을 확인하고, 나의 불가피성

에필로그
당신도 살 수 있다. 제발 살았으면 좋겠다

에 대해서 구구절절 변명을 늘어놓는 일은 그다지 멋있지는 않지만 필요한 일이다. 내가 그 불가피성에 대해서 나만의 구차한 설득을 늘어놓는 것은 단순히 나를 보호하기 위한 비겁한 도피가 아니라 나에 대한 정당한 변호이다. 우울증에 빠져드는 것은 생각보다 단순한 계기일 수 있다. 그럴 때마다 나는 내 자신을 위한 최선의 성찰과 변호를 내놓는 것이 중요하다고 생각한다.

나를 살아 있게 하는 것은 많은 이유가 아니다. 나를 지탱해 주는 몇 가지 이유가 있는 한, 나는 독립된 인격체로서 떳떳이 살아갈 수 있다. 그 이유들이 꼭 많을 필요가 없다는 것도 깨달았다. 적은 이유더라도 나를 뒷받침해 준다면 나는 그 이유만으로 살아갈 수 있다. 당신들이 당신의 삶에서 살아야만 하는 많은 이유를 찾을 수 있다면 좋겠지만, 수가 많고 적음은 전혀 문제가 되지 않는다고 생각한다. 당신을 살아가도록 하는 힘이 되어 줄 그 이유가, 명확하면 명확할수록 당신의 삶을 공고하게 만들어 줄 것이다. 인간은 단 하나의 이유만으로도 커다란 삶

몽실몽실 몽상구름
백 번 자살 시도 끝에 살아난 여자의 찬란한 생의 기록

의 무게를 기꺼이 짊어질 수 있는 고귀한 존재이다. 그렇기에 인간은 더없이 소중하고 막강하다고 할 수 있다. 수많은 실패와 좌절에도 다시 일어설 수 있는 인간의 커다란 힘을 나는 믿는다. 그렇기 때문에 수많은 함락에도 불구하고 다시 일어서는 인간의 초인적인 힘을 믿으며, 격랑 속에서도 끝없이 나아갈 것이다.

무엇보다 당신보다 여리고 나약한 인간으로 살아온 내가 그런 극복의 여정 속에서 악착같이 버텼으므로, 틀림없이 나보다 강인할 그대들에게 반드시 희망과 용기를 불어넣어 주고 싶다. 우리 모두, 한 번 사는 이 징한 인생, 끝까지 살아 볼 만한 가치는 있지 않겠는가?

몽실몽실 몽상구름
백 번 자살 시도 끝에 살아난 여자의 찬란한 생의 기록

© 최애니 2025

1판 1쇄 인쇄 | 2025년 6월 25일
1판 1쇄 발행 | 2025년 7월 2일

지은이 최애니

펴낸이 김리온
펴낸곳 도서출판 아빠토끼
출판등록 제2025-000105호
주소 서울특별시 강서구 마곡중앙4로 22, 파인스퀘어 B동 2층

책임편집 단홍빈
편집 최윤선
표지 디자인 유소영
내지 디자인 유소영, 김지영
마케팅 최은경, 서유진, 문지선
제작처 정민문화사

이메일 hi@paparabbit.co.kr
인스타그램 @paparabbit_books

ISBN 979-11-992663-2-2 03810

- 이 책의 저작권은 저자와 도서출판 아빠토끼에 있으며,
  무단 전재 및 복제를 금합니다.
- 잘못된 책은 구입하신 서점에서 교환해 드립니다.